Die LYRIKEDITION 2000, begründet von
Heinz Ludwig Arnold, wird von Norbert Hummelt
herausgegeben

Das Buch

Norbert Hummelt hat junge Lyrikerinnen und Lyriker eingeladen, sich mit neuen Gedichten auf die Spuren der alten zu begeben. Jede Art der Quellenerkundung sollte möglich sein: Zitat, Fortschreibung, Gegenentwurf, Parodie, Übersetzung. Verbindlich war eine einzige Spielregel: Die als Vorlage verwandten »Quellentexte« sollten von Dichtern stammen, die spätestens 1936 gestorben sind. So entstand eine Anthologie, wie es sie noch nicht gegeben hat. Schon profilierte und bislang unbekannte Autoren der jungen Generation setzen sich mit Beispielen aus der Tradition auseinander, die von den Merseburger Zaubersprüchen bis zu Rilke reicht. Erstaunliche Wiederentdeckungen und ein Reichtum neuester deutschsprachiger Gedichte sind so zusammengekommen. Damit tritt dieses Buch den Beweis an, dass von Traditionsvergessenheit in der jungen Lyrik keine Rede sein kann. Altes neu zu entdecken und ganz neue Stimmen hörbar zu machen: Das ist zugleich das Konzept der Lyrikedition 2000, als deren 100. Band »Quellenkunde« erscheint.

Der Herausgeber

Norbert Hummelt, geboren 1962 in Neuss, lebt als freier Schriftsteller in Berlin. Von ihm erschienen u. a. die Gedichtbände »Zeichen im Schnee« (2001), »Stille Quellen« (2004) und »Totentanz« (2007, alle im Luchterhand Literaturverlag). Daneben verfasste er zahlreiche Essays und Features zur Geschichte der Dichtung. Für seine Gedichte wurde er vielfach ausgezeichnet. Als Herausgeber veröffentlichte er u.a. die Neuübersetzung »William Butler Yeats: Die Gedichte« (Luchterhand 2005) und das »Jahrbuch der Lyrik 2006« (mit Christoph Buchwald, S. Fischer 2005). Seit 2005 ist er Herausgeber der Lyrikedition 2000.

Quellenkunde

Gedichte

Mit einem Vorwort von Norbert Hummelt

LYRIK
EDITION
2000

Weitere Informationen über den Verlag und sein Programm unter:
www.lyrikedition-2000.de

Gefördert von Books on Demand, Norderstedt

Die Deutsche Bibliothek verzeichnet diese Publikation in der Deutschen Nationalbibliographie; detaillierte bibliographische Daten sind im Internet über <http://dnb.ddb.de> abrufbar.

Pierre Ronsard: Der Salat. Übersetzt von Friedhelm Kemp
© Friedhelm Kemp

Sergej Jessenin: Keine Halme mehr. Übersetzt von Paul Celan
© Suhrkamp Verlag, Frankfurt am Main

© 2007 Buch&media GmbH/LYRIKEDITION 2000
© 2007 Texte bei den Autoren
Satz und Layout: Buch&media GmbH, München
Herstellung: Books on Demand GmbH, Norderstedt
Printed in Germany
ISBN 978-3-86520-205-5

Norbert Hummelt

VORWORT

> Mancher
> Trägt Scheue, an die Quelle zu gehn;
> Es beginnet nemlich der Reichtum
> Im Meere.
>
> Hölderlin, Andenken

Woher das Gedicht kommt, wo seine Quellen sind, das weiß niemand. Aber ich vermute, dass neue Gedichte nur entstehen können, weil es alte Gedichte schon gibt. Es geht dabei nicht nur um Kenntnis, so erfreulich diese auch wäre; es geht um schieres Vorhandensein. Ich glaube, dass Gedichte nachwirken, wenn auch die Sprachgemeinschaft sie schon vergessen hat und der Einzelne sie nicht mehr kennt. Das hat nichts mit Mystizismus zu tun, sondern mit Geschichte. Sprachgeschichte. Das einmal gedichtete Wort ist da und geht offen oder verborgen in die Sprache ein und verändert sie. Diese Veränderung kann spürbar werden in jedem Satz, den einer schreibt oder spricht; sie kann sichtbar werden in dem, was neu gedichtet werden muss von den neuen Einzelnen in jeder neuen Generation. T. S. Eliot vertrat den Standpunkt, dass ein neuer Dichter dort am ehesten er selbst ist, wo er seinen Vorläufern am stärksten ähnelt – nicht etwa dort, wo er sich vermeintlich klar von ihnen unterscheidet.

Diese Überlegungen lagen der Einladung zu dieser Anthologie zugrunde, die ich im Mai 2006 an etwa fünfzig junge Lyriker richtete. Sie waren aufgerufen, Gedichte zu schreiben, die sich auf die Spuren älterer Gedichte begeben, ihnen nachforschen, ihnen entgegengehen, sie aufgreifen, verwandeln, um sie der Sprachgemeinschaft wiederzugeben. Jede Form der Quellenerkundung sollte möglich sein: Anverwandlung, Zitat, Fortschreibung, Kontrafaktur, Coverversion, Antwort, Gegenentwurf, Parodie, Übersetzung. Verbindlich war eine einzige Spielregel: Die »Quellentexte« sollten von Dichterinnen und Dichtern sein, die spätestens 1936 gestorben sind. Das hatte zunächst einen sehr praktischen Grund: Das internationale Urheberrecht. Die Rechte an Texten werden 70 Jahre nach dem Tod der Autoren frei, und das ermöglicht es nun, neben den für die »Quellenkunde« neu verfassten Gedichten die Vorlagen zu drucken. Vor allem aber interessierte mich, wie das Dichten der Alten im Dichten der Jungen weiterlebt, und welche neuen Einsichten in Gegenwart und Vergangenheit der Lyrik durch eine solche Rückkopplung zu gewinnen wären.

Nebenbei galt es dabei einen Vorwurf zu überprüfen, der gegen die Lyriker der jüngeren Generation, soweit sie in der 2003 erschienen Anthologie »Lyrik von Jetzt« vertreten sind, erhoben wurde: den der Traditionslosigkeit. Am ehesten konnten Kritiker nach dem Erscheinen jener umfangreichen Sammlung neuer Poesie noch den Einfluss des 1975 verstorbenen Rolf-Dieter Brinkmann bemerken. Brinkmann ist freilich, was seine eigene Haltung zur Tradition angeht, ein unsicherer Kantonist; seine Fixierung auf die unmittelbare Gegenwart, das Schreiben aus dem vermeintlich geschichtslosen Augenblick, konnte ihm selbst nur bei allerhöchster Konzentration gelingen und hat, wo es Schule machte, verheerend gewirkt. Dagegen steht Thomas Klings diachroner Ansatz einer durch und durch sprachbewussten Poetik, die das Idiom der Gegenwart lediglich als oberste Bodenschicht behandelt, unter der die Ablagerungen entlegener und vergangener Sprachformen, älterer Literatur wie mündlicher Rede, freizulegen sind. Klings großes Beispiel hat, wo es allzu bereite Nachfolger anzog, allerdings ebenfalls verengend gewirkt: Das Verhältnis von »Tradition und individueller Begabung« bleibt, um noch einmal auf Eliot zurückzukommen, ein ausgesprochen dialektisches.

Für die »Quellenkunde« stand freilich, siehe Todesjahr, weder Brinkmann noch Kling als Pate zur Verfügung, und wegweisende und oftmals adaptierte Dichter des 20. Jahrhunderts wie Benn oder Celan schieden aus demselben Grund aus dem Kandidatenkreis aus. Dass nach hinten allerdings keinerlei zeitliche Einschränkung gegeben war, machte die Frage umso spannender, welche Vorbilder sich die jungen Dichter wählen würden. Zum Ergebnis trugen zweiundvierzig Autorinnen und Autoren bei,

Vorwort

die nicht vor 1968 geboren sind und das Spektrum der jungen Generation auf die Jahrgänge bis 1982 erweitern. Es sind also etliche neue Stimmen zu entdecken, die erst nach dem Erscheinen von »Lyrik von Jetzt« mit eigenen Gedichtbänden oder Zeitschriften- und Anthologiebeiträgen neu hinzugetreten sind und (dies ist auffällig) gelegentlich eine größere Affinität zur Literaturgeschichte mitbringen als manche ihrer nur wenig älteren Kollegen.

Um es gleich vorwegzunehmen: Goethe sucht man in dieser Anthologie vergeblich, und auch Schiller kam bei diesem Grand Prix auf null Punkte. Das mag man bedauerlich oder symptomatisch finden. Muss man es dagegen überraschend nennen, dass die meistgewählten Paten für dieses Buch Hölderlin, Rilke und Trakl sind? Ist es wirklich erstaunlich, dass nur einer sich an Eichendorff erinnerte und niemand sich an Stefan George wagte, der, weil 1933 gestorben, ebenfalls eine Option gewesen wäre? (Der sei »zu gut«, merkte einer der »Quellenkunde«-Lyriker im Vertrauen an.) Fragen wie diesen mag man beim Stöbern in dieser Anthologie nachspüren, der man jedenfalls eins nicht nachsagen kann: Traditionsvergessenheit. Das Mittelalter wird darin kaum weniger berücksichtigt als das Barock und selbst das 19. Jahrhundert. Neben den genannten Favoriten gilt es manche entlegene Wiederentdeckung zu vermelden, darunter wenigstens ein Dichter, von dem auch der Herausgeber noch nie gehört hatte. Die Reichweite der gewählten Verfahren, die von der handwerklich perfekten Übermalung eines Vorbilds über die komplizierte Collage bis zum unauffälligen Einsprengsel reicht, zeigt überdies, wie langlebig, vital und wandlungsfähig poetische Techniken sind. Die Tore sind wieder weit geöffnet, und die Merseburger Zaubersprüche gehören ebenso zum Horizont heutiger Lyrik wie der Expressionismus.

In der Anordnung der Gedichte wäre mir die einfache Chronologie anhand der Quellentexte zu mechanisch erschienen. Stattdessen versuche ich, vier Bögen durch das gehobene und bearbeitete Dichtungsmaterial zu schlagen, die Nachbarschaften und Korrespondenzen sichtbar machen und zeigen wollen, welche großen Distanzen die Sprache, und nur die Sprache, überwinden kann. Andere werden kommen und mit dem weitermachen, was wir ihnen hinterlassen. Um es in leichter Abwandlung mit einem Wort von Benn zu sagen: »Schreiben ist Brückenschlagen über Ströme, die vergehn.«

Berlin, März 2007

ERSTER TEIL

Paul Gerhardt

MORGENSEGEN

Die güldne Sonne,
Voll Freud und Wonne,
Bringt unsern Grenzen
Mit ihrem Glänzen
Ein herzerquickendes,
liebliches Licht.
Mein Häupt und Glieder,
Die lagen darnieder,
Aber nun steh ich,
Bin munter und fröhlich,
Schaue den Himmel
mit meinem Gesicht.

Mein Auge schauet,
Was Gott gebauet
Zu seinen Ehren
Und uns zu lehren,
Wie sein Vermögen
sei mächtig und groß,
Und wo die Frommen
Dann sollen hinkommen,
Wann sie mit Frieden
Von hinnen geschieden
Aus dieser Erden
vergänglichen Schoß.

Lasset uns singen,
Dem Schöpfer bringen
Güter und Gaben;
Was wir nur haben,
Alles sei Gotte
zum Opfer gesetzt.
Die besten Güter
Sind unsre Gemüter;
Dankbare Lieder
Sind Weihrauch und Widder,
An welchen Er sich
am meisten ergetzt.

Abend und Morgen
Sind seine Sorgen;
Segnen und mehren,
Unglück verwehren
Sind seine Werke
und Taten allein.
Wann wir uns legen,
So ist er zugegen,
Wann wir aufstehen,
So läßt Er aufgehen
Über uns seiner
Barmherzigkeit Schein.

Paul Gerhardt

Ich hab erhoben
Zu dir hoch droben
All meine Sinnen;
Laß mein Beginnen
Ohn allen Anstoß
und glücklich ergehn.
Laster und Schande,
Des Luzifers Bande,
Fallen und Tücke
Treib ferne zurücke;
Laß mich auf deinen
Geboten bestehn.

Alles vergehet,
Gott aber stehet
Ohn alles Wanken;
Seine Gedanken,
Sein Wort und Willen
hat ewigen Grund.
Sein Heil und Gnaden,
Die nehmen nicht Schaden,
Heilen im Herzen
Die tödlichen Schmerzen,
Halten uns zeitlich
und ewig gesund.

Christian Lehnert
DIE BÖEN, HIRTEN ...

Die Böen, Hirten/ des Staubs, bewirten
mit Staub die Steine,/ Gesträuch und Steine,
und ziehen rötlich und ruhiger fort.
Ich soll bestehen,/ dort wo sie verwehen?
Die Stirn, ein Flirren?/ Basaltadern klirren.
Ein langer Schatten? Wer sieht diesen Ort?

Fiktiv das Dauern,/ im Spiegel trauern
die Flugsandwehen,/ die ich gesehen?
Ein Strom von Menschen, die einzige Wand
aus Glas: ich sehe/ mich atmen und gehe
durch lange Gänge/ nur vage gelänge
das Bild der Wüste, erinnertes Land.

Versengte Öde,/ kein Name, spröde
zerfallen Jahre,/ was ich bewahre,
nenne ich Strömung und Anlaut der Angst.
Die Böen, Asche/ ... ich hörte es: Asche ...
umkreist die Mitte/ des Sturmes, die Schritte:
Nicht ist zu nennen, wohin du gelangst.

(Negev und Flughafen Tel Aviv;
nach: Die güldne Sonne)

Paul Gerhardt

Ich steh an deiner Krippen hier

Ich steh an deiner Krippen hier,
O Jesu du mein Leben;
Ich stehe, bring und schenke dir,
Was du mir hast gegeben.
Nimm hin, es ist mein Geist und Sinn,
Herz, Seel und Mut, nimm alles hin
Und laß dir's wohlgefallen.

Da ich noch nicht geboren war,
Da bist du mir geboren
Und hast mich dir zu eigen gar,
Eh ich dich kannt, erkoren.
Eh ich durch deine Hand gemacht,
Da hast du schon bei dir bedacht,
Wie du mein wolltest werden.

Ich lag in tiefer Todesnacht,
Du wordest meine Sonne,
Die Sonne, die mir zugebracht
Licht, Leben, Freud und Wonne.
O Sonne, die das werte Licht
Des Glaubens in mir zugericht'
Wie schön sind deine Strahlen!

Ich sehe dich mit Freuden an
Und kann mich nicht satt sehen;
Und weil ich nun nicht weiter kann,
So tu ich, was geschehen.
O daß mein Sinn ein Abgrund wär
Und meine Seel ein weites Meer,
Daß ich dich möchte fassen!

Christian Lehnert

MEIN BLICK REICHT BIS ZUM JÄHEN FALL ...

Mein Blick reicht bis zum jähen Fall
in ihre Augen, Ringe:
etwas versinkt. Ein Widerhall
des ersten Schreis, ich schwinge
wie eine leere Saite nach,
und alle Worte liegen brach,
ich höre ihren Atem.

Ist sie ein schwarzes Loch, ein Stern,
dem nichts entweicht? Pupillen
verengt, in Atemnot ein Kern
aus Zukunft? Nicht zu stillen,
der nackte Sog, wohin? Der Kopf
pulsiert, von Blut verklebt der Schopf:
Ich bin, der ich ... ein Wimmern.

(für Estella, kurz nach ihrer Geburt;
nach: Ich steh an deiner Krippen hier)

Adam Thebesius

Du grosser Schmerzensmann

Du großer Schmerzensmann,
vom Vater so geschlagen,
Herr Jesu, dir sei Dank
für alle deine Plagen:
für deine Seelenangst,
für deine Band und Not,
für deine Geißelung,
für deinen bittern Tod.

Ach das hat unsre Sünd
und Missetat verschuldet,
was du an unsrer Statt,
was du für uns erduldet.
Ach unsre Sünde bringt
dich an das Kreuz hinan;
o unbeflecktes Lamm,
was hast du sonst getan?

Dein Kampf ist unser Sieg,
dein Tod ist unser Leben;
in deinen Banden ist
die Freiheit uns gegeben.
Dein Kreuz ist unser Trost,
die Wunden unser Heil,
dein Blut das Lösegeld,
der armen Sünder Teil.

O hilf, daß wir auch uns
zum Kampf und Leiden wagen
und unter unsrer Last
des Kreuzes nicht verzagen;
hilf tragen mit Geduld
durch deine Dornenkron,
wenn's kommen soll mit uns
zum Blute, Schmach und Hohn.

Dein Angst komm uns zugut,
wenn wir in Ängsten liegen;
durch deinen Todeskampf
laß uns im Tode siegen;
durch deine Bande, Herr,
bind uns, wie dir's gefällt;
hilf, daß wir kreuzigen
durch dein Kreuz, Fleisch und Welt.

Laß deine Wunden sein
die Heilung unsrer Sünden,
laß uns auf deinen Tod
den Trost im Tode gründen.
O Jesu, laß an uns
durch dein Kreuz, Angst und Pein
dein Leiden, Kreuz und Angst
ja nicht verloren sein.

Christian Lehnert

Und starben, angeschwemmt

Und starben, angeschwemmt
wie Quallen in den Lachen,
verfangen im Gestein,
wo sich die Wellen brachen.
Im Meer, in Tang und Salz
zerfielen sie, im Sand,
wie Zungen ohne Laut,
versickert träg am Strand.

Ihr Hunger grollt, Geröll
im Seegang. Sie verschwimmen,
so viele Echos, kalt,
die küstenlosen Stimmen.
Die Motten, angelockt,
und Mücken in der Glut
zerknacken, bis der Mond
entläßt die schwarze Flut.

Die Gischt ist ihr Gesicht,
aus Kies sind ihre Venen,
die Nacht ihr Augenlicht,
Verloschensein ihr Sehnen,
als raunten sie dir zu:
»Was ich nie war, bist du,
trägst meines Körpers Last,
legst dich in mir zur Ruh.«

(Playa Quemada mit den verkohlten Resten
eines Flüchtlingsbootes, Lanzarote;
nach: Du großer Schmerzensmann)

Martin Luther

Nun bitten wir den Heiligen Geist

Nun bitten wir den Heiligen Geist
Um den rechten Glauben allermeist,
Daß er uns behüte an unserm Ende,
Wenn wir heimfahr'n aus diesem Elende.
Kyrieleis.
Du wertes Licht, gib uns deinen Schein,
Lehr uns Jesum Christ kennen allein,
Daß wir an ihm bleiben, dem treuen Heiland,
Der uns bracht hat zum rechten Vaterland.
Kyrieleis.
Du süße Lieb', schenk uns deine Gunst,
Laß uns empfinden der Lieb Inbrunst,
Daß wir uns von Herzen einander lieben
Und im Frieden auf einem Sinn bleiben.
Kyrieleis.
Du höchster Tröster in aller Not,
Hilf, daß wir nicht fürchten Schand' noch Tod,
Daß in uns die Sinne nicht verzagen,
Wenn der Feind wird das Leben verklagen.
Kyrieleis.

Christian Lehnert

WOHER WEISS ICH, WER DU BIST

Woher weiß ich, wer du bist, in all
diesen Stimmen, in dem Widerhall
meines Atems? Stöße der Schienenschwellen
wuchern weiter, als teilten sich Zellen ...
In was? In was?

Ich seh mich um: ... Ein leeres Abteil?
Eine blanke Stahlfront? Hat ein Keil
diesen Raum gespalten in zwei Gesichter,
ahnbar für Sekunden, Blinklichter?
Wer ist noch hier?

Ist denn die Zeit ein offener Mund?
Wer verharrt, erwartet einen Grund
jetzt von sich zu sprechen? Und er hält inne?
Ein Reflex? Für Jahre? Beginne
ich zu hören?

(Nachtfahrt, München–Dresden;
nach: Nun bitten wir den Heiligen Geist)

Annette von Droste-Hülshoff

Das Spiegelbild

Schaust du mich an aus dem Kristall
Mit deiner Augen Nebelball,
Kometen gleich, die im Verbleichen,
Mit Zügen, worin wunderlich
Zwei Seelen wie Spione sich
Umschleichen, ja, dann flüstre ich:
Phantom, du bist nicht meinesgleichen!

Bist nur entschlüpft der Träume Hut,
Zu eisen mir das warme Blut,
Die dunkle Locke mir zu blassen;
Und dennoch, dämmerndes Gesicht,
Drin seltsam spielt ein Doppellicht,
Trätest du vor, ich weiß es nicht,
Würd' ich dich lieben oder hassen?

Zu deiner Stirne Herrscherthron,
Wo die Gedanken leisten Frohn
Wie Knechte, würd' ich schüchtern blicken;
Doch von des Auges kaltem Glast,
Voll toten Lichts, gebrochen fast,
Gespenstig, würd', ein scheuer Gast,
Weit, weit ich meinen Schemel rücken.

Und was den Mund umspielt so lind,
So weich und hülflos wie ein Kind,
Das möcht' in treue Hut ich bergen;
Und wieder, wenn er höhnend spielt,
Wie von gespanntem Bogen zielt,
Wenn leis' es durch die Züge wühlt,
Dann möcht' ich fliehen wie vor Schergen.

Es ist gewiß, du bist nicht Ich,
Ein fremdes Daseyn, dem ich mich
Wie Moses nahe, unbeschuhet,
Voll Kräfte, die mir nicht bewußt,
Voll fremden Leides, fremder Lust;
Gnade mir Gott, wenn in der Brust
Mir schlummernd deine Seele ruhet!

Und dennoch fühl' ich, wie verwandt,
Zu deinen Schauern mich gebannt,
Und Liebe muß der Furcht sich einen.
Ja, trätest aus Kristalles Rund,
Phantom, du lebend auf den Grund,
Nur leise zittern würd' ich, und
Mich dünkt – ich würde um dich weinen!

Carolin Blumenberg

GESPIEGELT

die welt wurde ausgeschlossen.
der spiegel zeigt einen gipskopf, fast so weiß wie die kacheln.
phantombild für einen abgleich –
ist dieses gesicht heute weniger fremd als gestern?

wenn man auch noch die luft aussperren könnte
für immer in der starre eines lebenden denkmals verharren
als eins dieser monstren am rande einer einkaufspassage.
in der dramatischen pose der untoten.

– wieviel kraft es kostet für ein lebewesen
so lang bewegungslos zu bleiben –

ein bleiches kuriosum von irgendeinem
geheimen mechanismus geschüttelt
ein mensch der spielt
eine maschine zu sein, die einen menschen spielt
und es stellt sich keine frage mehr
nach der wahrheit
sondern nur nach der anstrengung
die eine behauptung aufrecht hält.

Mara Genschel

REFLEXE

Unverwandt an
blick ich [Droste]:

durchs verrostete Wort
[Du] durch

Blut und Eisen

zwischen den Lippen testend,
im Rücken versilberte Bilder

eisig und glatt

im Mund ganz unverhohlen
[Droste], heiser:
Seele/Glast, zwei

leise Zungenschauer.

Schaust du mich an, denn?
Streng?
Bin ich Spion? Gewiss:

Ich bin nicht [Du]

nur Gast [Droste],

murmel bloß so, blasser,
leucht dich aus im Schlaf
und schlachte auch und

beiße deine Zeilen
mal so an und
anverwandel mich

und blicke also
Auge / Glas
hinein und
durchs

Gewissen, lüstern, lesend.

Annette von Droste-Hülshoff

Der Hünenstein

Zur Zeit der Scheide zwischen Nacht und Tag,
Als wie ein siecher Greis die Haide lag
Und ihr Gestöhn des Mooses Teppich regte,
Krankhafte Funken im verwirrten Haar
Elektrisch blitzten und, ein dunkler Mahr,
Sich über sie die Wolkenschichte legte;

Zu dieser Dämmerstunde war's, als ich
Einsam hinaus mit meinen Sorgen schlich,
Und wenig dachte, was es draußen treibe.
Nachdenklich schritt ich, und bemerkte nicht
Des Krautes Wallen und des Wurmes Licht,
Ich sah auch nicht, als stieg die Mondesscheibe.

Grad war der Weg, ganz sonder Steg und Bruch;
So träumt' ich fort und, wie ein schlechtes Buch,
Ein Pfennigs-Magazin uns auf der Reise
Von Station zu Stationen plagt,
Hab' zehnmal Weggeworf'nes ich benagt,
Und fortgeleiert überdrüß'ge Weise.

Entwürfe wurden aus Entwürfen reif,
Doch, wie die Schlange packt den eignen Schweif,
Fand ich mich immer auf derselben Stelle;
Da plötzlich fuhr ein plumper Schröter jach
An's Auge mir, ich schreckte auf und lag
Am Grund, um mich des Haidekrautes Welle.

Seltsames Lager, das ich mir erkor!
Zur Rechten, Linken schwoll Gestein empor,
Gewalt'ge Blöcke, rohe Porphirbrode;
Mir überm Haupte reckte sich der Bau,

Langhaar'ge Flechten rührten meine Brau',
Und mir zu Füßen schwankt' die Ginsterlode.

Ich wußte gleich, es war ein Hünengrab,
Und fester drückt' ich meine Stirn hinab,
Wollüstig saugend an des Grauens Süße,
Bis es mit eis'gen Krallen mich gepackt,
Bis wie ein Gletscher-Bronn des Blutes Takt
Aufquoll und hämmert' unterm Mantelvließe.

Die Decke über mir, gesunken, schief,
An der so blaß gehärmt das Mondlicht schlief,
Wie eine Witwe an des Gatten Grabe;
Vom Hirtenfeuer Kohlenscheite sahn
So leichenbrandig durch den Thimian,
Daß ich sie abwärts schnellte mit dem Stabe.

Husch fuhr ein Kiebitz schreiend aus dem Moos;
Ich lachte auf; doch trug wie bügellos
Mich Phantasie weit über Spalt und Barren.
Dem Wind hab' ich gelauscht so scharf gespannt,
Als bring' er Kunde aus dem Geisterland,
Und immer mußt' ich an die Decke starren.

Ha! welche Sehnen wälzten diesen Stein?
Wer senkte diese wüsten Blöcke ein,
Als durch das Haid die Todtenklage schallte?
Wer war die Drude, die im Abendstrahl
Mit Run' und Spruch umwandelte das Thal,
Indes ihr gold'nes Haar im Winde wallte?

Dort ist der Osten, dort, drei Schuh im Grund,
Dort steht die Urne, und in ihrem Rund
Ein wildes Herz, zerstäubt zu Aschenflocken,
Hier lagert sich der Traum vom Opferhain,
Und finster schütteln über diesen Stein
Die grimmen Götter ihre Wolkenlocken.

Wie, sprach ich Zauberformel? Dort am Damm –
Es steigt, es breitet sich wie Wellenkamm,
Ein Riesenleib, gewalt'ger, höher immer;
Nun greift es aus mit langgedehntem Schritt –
Schau, wie es durch der Eiche Wipfel glitt,
Durch seine Glieder zittern Mondenschimmer.

Komm her, komm nieder – um ist deine Zeit!
Ich harre dein, im heil'gen Bad geweiht;
Noch ist der Kirchenduft in meinem Kleide! –
Da fährt es auf, da ballt es sich ergrimmt,
Und langsam, eine dunkle Wolke, schwimmt
Es über meinem Haupt entlang die Haide.

Ein Ruf, ein hüpfend Licht – es schwankt herbei –
Und – »Herr, es regnet« – sagte mein Lakai,
Der ruhig über's Haupt den Schirm mir streckte.
Noch einmal sah ich zum Gestein hinab:
Ach Gott, es war doch nur ein rohes Grab,
Das armen, ausgedorrten Staub bedeckte! –

Ron Winkler

HÜNENGRABFEATURE

es war, als der Tag an seinen dunklen Einband stieß, die Nacht,
und die Wiesen wie Veteranen in einem Licht ganz Tee,
ein Kauderwelsch aus Darwins Ordner für Insekten, wohl
Grillen, phonetische Funken viel exklusiver als UKW, eine Perücke
aus Elektrisierung, zwölf Töne vielleicht im Ganzen, und darüber
schob sich wie eine grimmige dreizehnte Fee ein
                          undurchschaubarer
Dschungel aus Wolken.
es war kein schlechtes Buch, nur alles gezeichnet wie
mit dem Schweif einer relativ heiklen Schlange. die seltsame Süße
von Mysterylicht. *a gothic moon tale.* jeder Kiesel warf einen
                          Felsen-
schatten. Graustufenmassive in Alienmoos. alien Modus.
ich sah ein Grab: ungeschlachte *Porphyrbrode. und mir zu Füßen
schwankt die Ginsterlode.* ein vampirisches Vlies. und alles
um mich herum wie Ektoplasmagries.
das war die Situation. ach Gott.

Elizabeth Barrett-Browning

Sonnet XXI

SAY over again, and yet once over again,
That thou dost love me. Though the word repeated
Should seem »a cuckoo-song«, as thou dost treat it.
Remember, never to the hill or plain,

Valley and wood, without her cuckoo-strain
Comes the fresh Spring in all her green completed.
Beloved, I, amid the darkness greeted
By a doubtful spirit-voice, in that doubt's pain

Cry, »Speak once more – thou lovest!« Who can fear
Too many stars, though each in heaven shall roll,
Too many flowers, though each shall crown the year?

Say thou dost love me, love me, love me – toll
The silver iterance! – only minding, Dear,
To love me also in silence with thy soul.

Rainer Maria Rilke

SONETT XXI

SAG immer wieder und noch einmal sag,
daß du mich liebst. Obwohl dies Wort vielleicht,
so wiederholt, dem Lied des Kuckucks gleicht,
wie dus empfandest: über Tal und Hag

und Feld und Abhang, beinah allgemein
und überall, mit jedem Frühling tönend.
Geliebter, da im Dunkel redet höhnend
ein Zweifelgeist mich an; ich möchte schrein:

›Sag wieder, daß du liebst.‹ Wer ist denn bang,
daß zu viel Sterne werden: Ihrem Gang
sind Himmel da. Und wenn sich Blumen mehren,

erweitert sich das Jahr. Laß wiederkehren
den Kehrreim deiner Liebe. Doch entzieh
mir ihre Stille nicht. Bewahrst du sie?

Uljana Wolf (*1979)

Übersetzung von Uljana Wolf

SONETT XXI

sag immer sag wieder und noch einmal noch/ dass du
mich liebst/ klingen diese worte dir so wiederholt wie
kuckuckslieder/ weißt du doch dass über wald und
hügel/ hain und tal/ der frühling kommt komplett mit
grün und strahl/ und niemals ohne kuckucksqual

ich/ geliebter/ als im dunkel eine ungewisse flüsterstimme
stiebt/ rufe dich in dieser zweifelstunde:/ sag es wieder
dass du liebst/ wer wird zu viele sterne fürchten/ folgt
doch jeder seiner eignen bahn/ wer vor vielen blumen
flüchten/ krönt doch jede einzelne das jahr

sagen sollst du liebe liebe – zoll das silber dieser
wiederkehr/ selber aber sollst du wissen lieber/
ob im schweigen auch/ ich deine liebe wär

Elizabeth Barrett-Browning

Sonnet XXIX

I THINK of thee! – my thoughts do twine and bud
About thee, as wild vines, about a tree,
Put out broad leaves, and soon there's nought to see
Except the straggling green which hides the wood.

Yet, O my palm-tree, be it understood
I will not have my thoughts instead of thee
Who art dearer, better! Rather, instantly
Renew thy presence; as a strong tree should,

Rustle thy boughs and set thy trunk all bare,
And let these bands of greenery which insphere thee
Drop heavily down, – burst, shattered, everywhere!

Because, in this deep joy to see and hear thee
And breathe within thy shadow a new air,
I do not think of thee – I am too near thee.

Rainer Maria Rilke

Sonett XXIX

ICH denk an dich. Wie wilder Wein den Baum
sprießend umringt, mit breiten Blättern hängen
um dich meine Gedanken, daß man kaum
den Stamm noch sieht unter dem grünen Drängen.

Und doch, mein Palmenbaum, will ich nicht sie,
diese Gedanken, sondern dich, der teurer
und besser ist. Du solltest ungeheurer
dich wieder zeigen, weithin rauschend, wie

es starke Bäume tun. Und dann laß da
das Grüne dieser kreisenden Lianen
abfallen, wo es schon zerrissen ist,

weil meine Freude im Dich-Sehn und -Ahnen,
in deinem Schatten atmend, ganz vergißt
an dich zu denken – ich bin dir zu nah.

Übersetzung von Uljana Wolf

Sonett XXIX

dich denke ich! – mein denken blüht und windet / um dich
sich wie wilder wein um einen baum / greift blätterbreitend
raum / bis nichts dem blick mehr bleibt / als schlinggrün das sich
um die borte treibt /

mein palmbaum du / begreife doch / dich will ich haben nicht
gedanken / dich der du besser bist und teuer / los komm sofort
erneuer / deine gegenwart / so wie ein starkbaum raschle deine
äste / schäle deinen stamm / und schass die bänder strüppen
grüns / die dich umschürzen / lass sie nieder stürzen – streun
bersten überall! /

denn in der bassen freude dich zu hören und zu sehn / in deinem
schatten freier atmend bald zu stehn / nicht denk ich dich – zu
nah bin ich

Elizabeth Barrett-Browning

Sonnet XXXVII

PARDON, oh, pardon, that my soul should make
Of all that strong divineness which I know
For thine and thee, an image only so
Formed of the sand, and fit to shift and break.

It is that distant years which did not take
Thy sovranty, recoiling with a blow,
Have forced my swimming brain to undergo
Their doubt and dread, and blindly to forsake

Thy purity of likeness and distort
Thy worthiest love to a worthless counterfeit.
As if a shipwrecked Pagan, safe in port,

His guardian sea-god to commemorate,
Should set a sculptured porpoise, gills a-snort
And vibrant tail, within the temple-gate.

Rainer Maria Rilke

Sonett XXXVII

VERZEIH, verzeih, daß meine Seele sich
vermaß, von all der Gnade, die du bist,
ein Bild zu machen, das so brüchig ist
und nichts als Sand und Sand. Es haben mich

die harten Jahre vor die Stirn geschlagen
(vergangne Jahre, die du nicht gekrönt)
und haben mein verwirrtes Hirn gewöhnt,
Zweifel und Angst so lange zu ertragen,

daß deiner Liebe köstlicher Kontur
ihm anders nicht gelingt als halbentstellt.
So kann ein Heide nach dem Schiffbruch nur

den Rettenden, den Herrn der Wogenwelt
sich formen als unförmlichen Delphin;
und so, am Tempeltor, verehrt er ihn.

Übersetzung von Uljana Wolf

Sonett XXXVII

verzeih verzeih dass meine seele nur vermag / der herrlichkeit
die dein ist jahr und tag / ein bild aus nichts als sand zu
formen / haltlos, bald verweht

es wogen auf mit einem schlag / die weiten jahre die ich nicht
in deiner hoheit lag / und fordern mich mein schwimmend
hirn / ihr zittern und ihr zweifeln wieder zu durchirrn / deine
reinheit kaum mehr zu begreifen / bis ich wirr aus deiner teuren
liebe / eine tumbe fälschung modelliere

so wie ein schiffbruchheide heil im hafen / seinem treuen
meerherrn zum gedenken / einen tümmler skulpturiert / mit
kiemenprust / und schwanz der groß am tempeltor pulsiert

Rainer Maria Rilke

DER ENGEL

Mit einem Neigen seiner Stirne weist
er weit von sich was einschränkt und verpflichtet;
denn durch sein Herz geht riesig aufgerichtet
das ewig Kommende das kreist

Die tiefen Himmel stehn ihm voll Gestalten,
und jede kann ihm rufen: komm, erkenn –.
Gieb seinen leichten Händen nichts zu halten
aus deinem Lastenden. Sie kämen denn

bei Nacht zu dir, dich ringender zu prüfen,
und gingen wie Erzürnte durch das Haus
und griffen dich als ob sie dich erschüfen
und brächen dich aus deiner Form heraus.

Silke Andrea Schuemmer

Engel kehren ein

Jenseits des Griffs ist jeder Tag sich gleich
Hier steigt kein Engel durch das Haus
schwebt stiegenwärts mit weißem Hemd
bis Türen offen stehn und Licht im Zimmer wird
Was das Schneeglas wo ich wohne rascheln macht
sind Berge von Papier und nicht sein Leinenzeug
und treppenabwärts ist nicht steil genug zum Sturz
Kommt dann wirklich mal zum Deckesprengen
aufgerichtet einer durch das Haus
dann lehnt er jede Art Verwandtschaft ab
Dann ist er Schlächter der sein Handwerk kennt
Aus der Haut gezogen unterm Haar hervorgezerrt
in Ecken schnell gefunden unterm Dielenboden
wegverschleppt vom Dachfirst baumelnd abgeklaubt
aus dem Gehäuse rausgeschält und das feuchte
Innenfleisch als Kleid gedreht nach der Knochenschabung
grob entbeint zerwrungen und gepresst
ausgeweidet durchgespült ins Alphabet zerlegt
lässt er die Trümmer Knochensplitter ausgespuckten Bissen
liegen auf dem Dielenbrett
Und setze ich mich kaum zusammen
steh ich verschlissnes Hurentier an meiner Tür
und werf mich weitren Treppensteigern an

Rainer Maria Rilke

DUINESER ELEGIEN, 1. ELEGIE/1. STROPHE

WER, wenn ich schriee, hörte mich denn aus der Engel
Ordnungen? und gesetzt selbst, es nähme
einer mich plötzlich ans Herz: ich verginge von seinem
stärkeren Dasein. Denn das Schöne ist nichts
als des Schrecklichen Anfang, den wir noch grade ertragen,
und wir bewundern es so, weil es gelassen verschmäht,
uns zu zerstören. Ein jeder Engel ist schrecklich.
  Und so verhalt ich mich denn und verschlucke den Lockruf
dunkelen Schluchzens. Ach, wen vermögen
wir denn zu brauchen? Engel nicht, Menschen nicht,
und die findigen Tiere merken es schon,
daß wir nicht sehr verläßlich zu Haus sind
in der gedeuteten Welt. Es bleibt uns vielleicht
irgendein Baum an dem Abhang, daß wir ihn täglich
wiedersähen; es bleibt uns die Straße von gestern
und das verzogene Treusein einer Gewohnheit,
der es bei uns gefiel, und so blieb sie und ging nicht.
  O und die Nacht, die Nacht, wenn der Wind voller Weltraum
uns am Angesicht zehrt –, wem bliebe sie nicht, die ersehnte,
sanft enttäuschende, welche dem einzelnen Herzen
mühsam bevorsteht. Ist sie den Liebenden leichter?
Ach, sie verdecken sich nur miteinander ihr Los.
  Weißt du's noch nicht? Wirf aus den Armen die Leere
zu den Räumen hinzu, die wir atmen; vielleicht daß die Vögel
die erweiterte Luft fühlen mit innigerm Flug.

Nadja Küchenmeister

STAUB

wenn die tür geschlossen wird, sind auch die hunde
still in ihren hütten. der flugverkehr ist eingestellt, kein
rasenmäher und kein weckerticken, nichts stört. nur

der saum der gardine, der am boden schleift. ein lichtstrahl,
der mein auge trifft. fiebergefühle. das holz knackt leise,
nur eine wespe, die ans fenster schlägt. draußen wiegen

sich die tannen. im zimmer, unter meinem bett, wo einer
liegt mit stumpfem messer, zittern die flusen. staub.
staub. ich höre die wespe, die über mir ist. das klappern

von tellern aus der küche, gläserklirren, jetzt das besteck.
wer, wenn ich schriee, hörte mich denn, ist erst der tierfilm
im dritten programm und das gespräch in vollem gang

und nichts davon für mich bestimmt, gefangen im endlosen
nachmittagslicht. staub. staub. bin ich das insekt, das maßlos
erschöpfte in diesem bett lag meine mutter als kind.

Rainer Maria Rilke

Zum Einschlafen zu sagen

Ich möchte jemanden einsingen,
bei jemandem sitzen und sein.
Ich möchte dich wiegen und kleinsingen
und begleiten schlafaus und schlafein.
Ich möchte der Einzige sein im Haus,
der wüßte: die Nacht war kalt.
Und möchte horchen herein und hinaus,
in dich, in die Welt, in den Wald.
Die Uhren rufen sich schlagend an,
und man sieht der Zeit auf den Grund.
Und unten geht noch ein fremder Mann
und stört einen fremden Hund.
Dahinter wird Stille. Ich habe groß
die Augen auf dich gelegt;
und sie halten dich sanft und lassen dich los,
wenn ein Ding sich im Dunkel bewegt.

Nikola Richter

Vorm Einschlafen zu sagen

mein lieber, es ist zeit,
die betten sind sehr groß.
komm doch vorbei
und mach die knöpfe los.
wir sind die hunde im gedicht,
die nicht schlafen wollen.
wir streicheln unsere müden stellen,
wir hören draußen penner bellen
und kennen versteckte wege im park.
morgen wird sonne: ein warmer tag,
das hat das fernsehen gesagt.
der wecker liegt links neben mir,
das licht steht immer nah bei dir.
wenn ich mich drehe und wende,
sehe ich deine füße und deine hände,
und bin mir sicher: wir sind hier.
und falls eines tages die stille bleibt,
falls sie zu laut erscheint für mein
atmen in der dunkelheit,
rolle ich mich klein auf meiner seite
und lege neue lieder ein.

Rainer Maria Rilke

JUGEND-BILDNIS MEINES VATERS

Im Auge Traum. Die Stirn wie in Berührung
mit etwas Fernem. Um den Mund enorm
viel Jugend, ungelächelte Verführung,
und vor der vollen schmückenden Verschnürung
der schlanken adeligen Uniform
der Säbelkorb und beide Hände –, die
abwarten, ruhig, zu nichts hingedrängt.
Und nun fast nicht mehr sichtbar: als ob sie
zuerst, die Fernes greifenden, verschwänden.
Und alles andre mit sich selbst verhängt
und ausgelöscht, als ob wirs nicht verständen,
und tief aus seiner eignen Tiefe trüb –.

Du schnell vergehendes Daguerreotyp
in meinen langsamer vergehenden Händen.

Nora Bossong

JUGENDFOTO MEINES VATERS

In seinen Augen Müdigkeit, doch seine Wangen glühn,
als sei für ihn noch vieles zu entdecken. Auf den Lippen
– schmale Kindheit –, gelächelte Verstörung.
Als Accessoires an seiner Seite Mutter, Schwester
und ein Priester, »Onkel Willy«, der, so hieß es,
vielleicht zu oft in jenem Haus vorsprach.
Der Tisch gedeckt mit Tulpen und Kaffeeservice.
Erst jetzt, nach Jahren, wird es sichtbar: nicht weniger
als ein Familienbild und auch nicht mehr.
Ein wenig traurig, aber kein Skandal. Und Vater blickt,
als trüge er die letzte Krankheit seines Vaters
zwischen Netzhaut und Pupille aus: – Müdigkeit.

Ein beinah verwelktes Bild
und Vaters Augen unverändert.

Rainer-Maria Rilke

Archaïscher Torso Apollos

Wir kannten nicht sein unerhörtes Haupt,
darin die Augenäpfel reiften. Aber
sein Torso glüht noch wie ein Kandelaber,
in dem sein Schauen, nur zurückgeschraubt,

sich hält und glänzt. Sonst könnte nicht der Bug
der Brust dich blenden, und im leisen Drehen
der Lenden könnte nicht ein Lächeln gehen
zu jener Mitte, die die Zeugung trug.

Sonst stünde dieser Stein entstellt und kurz
unter der Schultern durchsichtigem Sturz
und flimmerte nicht so wie Raubtierfelle;

und bräche nicht aus allen seinen Rändern
aus wie ein Stern: denn da ist keine Stelle,
die dich nicht sieht. Du mußt dein Leben ändern.

Lars Reyer

SCAN, VERSCHWUNDENER TORSO

Wir kennen sein Gesicht, das reife
Augenpaar, eingefroren für die Ewigkeit
& aufgelöst in Pixeln, tausenden,
    der Blick zielt scharf vorbei
an Linse & dem unbekannten Fotografen
auf eine Weite, die er einmal kannte,
wir kennen seine Briefe nicht, »schon damals
lächerliche Zitterhand«, doch wenn er redete,
schob sich Geröll
      in seine Stimme: Abchasenschlucht,
gebrochner Tunnelzugang (der Bohr-
stahl platzte weg an einer harten, nicht
kalkulierten Ader). Blieb nur
        die Narbe unterm Kinn,
die mückenlosen viel zu klaren Nächte,
blieb das Insektensummen der Kaukasen,
»Die Stirn so Kalk wie Mond!« »Die schliefen
nie«, beim Musketenputzen, streng
rationiert die Kerosinvorräte & Gespräche,
man musste öfters mit der Hacke
in den Stein, man musste in den ausgebrannten
Schacht, mit stumpfen
      Lampen um den Kopf. Wir
kennen jede Falte um die Winkel
seines Munds, die getrübte Iris (& den Reflex
des Blitzlichts aus dem Hintergrund), der Blick
zielt scharf, der Innenblick, wir wissen nichts
wir müssen die Auflösung ändern.

Zweiter Teil

Zweiter Merseburger Zauberspruch

Phol ende Uodan uuoron zi holza.
du uuart demo Balderes uolon sin uuoz birenkit.
thu biguol en Sinthgunt, Sunna era suister,
thu biguol en Friia, Uolla era suister,
thu biguol en Uuodan, so he uuola conda:
sose benrenki, sose bluotrenki, sose lidirenki,
ben si bena, bluot zi bluoda,
lid zi geliden, sose gelimida sin!

Norbert Lange (*1978)

Übersetzung von Norbert Lange

ZWEITER MERSEBURGER ZAUBERSPRUCH

Fol und Wodan ritten ins Gehölz
Da war Balders Fohlen der Fuß verrenkt
Da besprachen ihn Sinthgunt, Sunna ihre Schwester,
Da besprachen ihn Frija, Folla ihre Schwester;
Da besprach ihn Wodan, wie es nur er verstand:
So die Verrenkung des Knochens, wie die des Bluts, so die
                                                                   Gelenke:
Knochen an Knochen, Blut zu Blut, Glied an Glied –
So als ob sie zusammengeleimt wären;
Als wären sie zusammengesteckt.

Norbert Lange

HOLBEIN

ben zi bena, bluot zi bluoda,
lid zi geliden, sose gelimida sin!

(Knochen an Knochen, Blut zu Blut, Glied an Glied –
so als ob sie zusammengeleimt wären)

zweiter Merseburger Zauberspruch

Und fräsens aus den Augenhöhlen –
welche ans Café gesetzte Figuren;
und stellen dieses ausgeschabte Bild
so dann vor den Kiefer eingebaut,

dass, Spielbein-Standbein, dieser Typ
mit Lanze/Sense – lässig auf den
Sensetresen lehnt: der Knochenmann,
der den Kiefer lässig kreisen lässt,

verdrahtet – und mit speziellen Stiften
grad noch so zusammenhalten soll:
fideler Pikenier aus dem Ikeakatalog,
die Augenfarbe *Hohl*; und lassens

sachte in die Schläfen ab, Erinnerung
per Ansaugröhrchen in den Kopf,
so schmerzlich nah – da steht er dann
und baut sich vor uns beiden auf,

er nimmt nur eine Feinjustierung vor,
Fingerdruck, der Kiefer schnappt
und rastet schließlich in den Schädel
ein – zu sehen phosphorweiß da

im Gesicht; sieht aus wie das Skelett
mit dem ich als kleiner Junge
spiele – und lassens aus den Rippen
tönen: leise das Gerippe spricht

vom Fieberstand im Thermometer und den
gemaserten Tapeten, vierzig Grad,
von Fieberwänden, seiner Hand auf meiner Stirn,
und hält mir einen Schraubenzieher hin.

Norbert Lange

Deutsche Terrasse (Suchbild 2)

Werbeeeunterbrrreeechchchuuung! Asseln heftig dies
GELÄNDE, nur echt mit neueren Reifen, unablässig
ihre Profile zureiten – wozu sachlich die Stimme schwebt:
links&rechts über der Terrasse: »*Sie sind versichert*« –

und durchjagen durch den Windkanal; am Streckenrand
bleiben stehn mit winzigkleinen Fahnen überm Kopf,
Ameisen winkend, aufm andern Sender dieselben Fühler
taktisch schaukelnd zur Musik im nächsten Video
                                          klick!:

sehr viele Pferdestärken, Cockpitsicht: an der Bande weiter
auf der Fernbedienung rasen, schalten in den Graben:
wo die Heldensynchronstimmen, »*Ich krieg dich Achill!*«
in neueren Körpern aus den Boxen schlüpfen, *Feuer!*

Kreuzfeuer! in allen Richtungen gegen eine übermächtige
Armee von Asseln: »*Hören Sie die Nachrichten?!*« ––
so prasselnd beschreiben Garben die Terrasse; Kreuzfahrer
in Kippenkrümelregen, als wär das Drinnen Draußen,

der TiWi die ganze Welt. Da, was die Welt *Senderstörung*
… im Innersten … und steht alles, so werden Scipio&Co
über Wüste auf den Sandalen- und Terrassenfilm gelaufen
kommen, Phalanx oder Panzer – *schmeiss'n Grill an!* –

zünd dir eine Kippe an!; denn Karthagos Schneckenkombo
ist ganz sachte auf dem Weg zur Küste deiner Wohnung;
gib Gas! ist kurz vor Schluss, vor der nächsten Unterbrechung
knapp bevor, wuchtigere Laser, Natur übernimmt;

*tritt drauf! entkomm deinen pflanzlichen Feinden, warte auf
wenn nachts dieser Mond mit prächtigen Kratern (rechts
oben im Bild) seine 0190-Nummern wiederholt!*

Erster Merseburger Zauberspruch

Eiris sazun idisi, sazun hera duoder,
suma hapt heptidun, suma heri lezidun,
suma clubodun umbi cuoniowidi:
insprinc haptbandun, invar vigandun

Übersetzung von Norbert Lange

ERSTER MERSEBURGER ZAUBERSPRUCH

Einst saßen hier diese – saßen dort Frauen
Einige banden Feinde, einige stoppten das Heer,
Einige lösten die Fesseln der Freunde:
Entkommt den Haftbanden! Entflieht dem Feind!

Georg Trakl

ELSE LASKER-SCHÜLER IN VEREHRUNG

Ihr großen Städte
steinern aufgebaut
in der Ebene!
So sprachlos folgt
der Heimatlose
mit dunkler Stirne dem Wind,
kahlen Bäumen am Hügel.
Ihr weithin dämmernden Ströme!
Gewaltig ängstet
schaurige Abendröte
ins Sturmgewölk.
Ihr sterbenden Völker!
Bleiche Woge
zerschellend am Strande der Nacht,
fallende Sterne.

Norbert Lange

Gedicht »Abend oder Herbst«

AMSEL/DROSSEL/*funk und star* Zitatenkammer
Zu der nacht jeger HIMMEL plus bös gespenster
Wozu es Websschiffchen unter in den Teppich kehrt?
Was Wind sich im Wind solch Häuser WIND!

Von Gebein *fassaden* ihre Schädel solch erstöhnend
Das *spaltet ton* jener drogensüchtiges Halzburg?
Kummerkonserven wie sie eintauscht das Gekrakel
Und *gold*wärmetauscher schließt Nacht am *arm*

Von zarten Georg auch das geht klar mit dem grünen
Punkt und goldig von der Hand *richtung unterstadt*
Der abgekauten Schreibstiftstummel *Schnabel der Rock*
Was Konfirmanden anzieht Mansardenkonserven

Wie die *nacht eintaucht* ihr Gekrakel gegen die *nadel*
Sorgen *pulse* und atonale Konzert*torten*stückchen
Für Boschhammer/Steinsäge/Motorrad/hochfrisierte
Autoradio, Traktate *maut* ist Herbst geworden klar

Uns auch *graue stars* Retinaschwester der abgekauten
Schreibmaschine von innen dämmern zermorschte
Wattebäusche *gegen stirne* »horchte specht von droben?«
aus erhitzten Wipfeln vom Löffel klopfte?
schaun!

Georg Trakl

RONDEL

Verflossen ist das Gold der Tage,
Des Abends braun und blaue Farben:
Des Hirten sanfte Flöten starben
Des Abends blau und braune Farben
Verflossen ist das Gold der Tage.

Nicolai Kobus

LODERN

dass inselvers oft: rage geld tod
daneben bussard und fernab blaue
feen sehn trist da raben totenfels
und faerben laub absurden abends
gold der tage: verfassend solist

Georg Trakl

In ein altes Stammbuch

Immer wiederkehrst du, Melancholie,
O Sanftmut der einsamen Seele.
Zu Ende glüht ein goldener Tag.

Demutsvoll beugt sich dem Schmerz der Geduldige
Tönend von Wohllaut und weichem Wahnsinn.
Siehe! es dämmert schon.

Wiederkehr die Nacht und klagt ein Sterbliches,
Und es leidet ein anderes mit.

Schauernd unter herbstlichen Sternen
Neigt sich jährlich tiefer das Haupt.

Stephan Turowski

Die Lichter

Ich stehe am Fenster, das Weinen
eines Kindes im Hinterhof, in mir
kann ich nicht bleiben. Der Wind

macht mich froh, in den Bäumen
klettern die Äffchen und schreien.
Ich schenke Wein nach, das Glas

werfe ich gegen die Wand – jetzt,
wo ich durstig bin. Die Scherben
les ich mit der Zunge auf, ich will

einfach mal bluten. Es regnet jetzt
ins Zimmer – ich öffne den Schirm
und schließe das Fenster: das Kind

wird immer lauter, aus den Bäumen
stürzen sich die Äffchen ins Dunkel.
Im Hinterhof gehen die Lichter an.

Georg Trakl

LANDSCHAFT

Septemberabend; traurig tönen die dunklen Rufe der Hirten
Durch das dämmernde Dorf; Feuer sprüht in der Schmiede.
Gewaltig bäumt sich ein schwarzes Pferd; die hyazinthenen
                        Locken der Magd
Haschen nach der Inbrunst seiner purpurnen Nüstern.
Leise erstarrt am Saum des Waldes der Schrei der Hirschkuh
Und die gelben Blumen des Herbstes
Neigen sich sprachlos über das blaue Antlitz des Teichs.
In roter Flamme verbrannte ein Baum; aufflattern mit dunklen
                        Gesichtern die Fledermäuse.

Tom Schulz

STADTLANDSCHAFT

Maiabend; in der Kälte heulen die Alarmanlagen
                                              der Cabrios
in einen tiefergelegten Himmel; Feuer, etwas Kleingeld
                                              oder 1 Zigarette
Adjektivlos schreiten biertrinkende Gestalten vorbei; die
                              Lockstoffe aus dem Knabenkraut
Haschisch, legalisiert für das Gedicht, deine lüstern
de, ich kanns ja sagen, Brunftmelderstimme, o du
                                                Super Cherry
Und die behelmten Einsatzkräfte der Maiverhinderung
kriegen keinen Satz heraus, das Parfum dieses Abends
                                            heißt *Blue Velvet*
ein brennender Lieferwagen, die leer gefegten Brotbäume; das
                                                    Schnattern
          der 23 Uhr Lage, so weiter *instabiles Flattern*

Georg Trakl

PSALM

Karl Kraus zugeeignet, 2.Fassung

Es ist ein Licht, das der Wind ausgelöscht hat.
Es ist ein Heidekrug, den am Nachmittag ein Betrunkener verläßt.
Es ist ein Weinberg, verbrannt und schwarz mit Löchern voll
                                                                     Spinnen.
Es ist ein Raum, den sie mit Milch getüncht haben.
Der Wahnsinnige ist gestorben. Es ist eine Insel der Südsee,
Den Sonnengott zu empfangen. Man rührt die Trommeln.
Die Männer führen kriegerische Tänze auf.
Die Frauen wiegen die Hüften in Schlinggewächsen und
                                                                     Feuerblumen,
Wenn das Meer singt. O unser verlorenes Paradies.

Die Nymphen haben die goldenen Wälder verlassen.
Man begräbt den Fremden. Dann hebt ein Flimmerregen an.
Der Sohn des Pan erscheint in Gestalt eines Erdarbeiters,
Der den Mittag am glühenden Asphalt verschläft.
Es sind kleine Mädchen in einem Hof in Kleidchen voll
                                                               herzzerreißender Armut!
Es sind Zimmer, erfüllt von Akkorden und Sonaten.
Es sind Schatten, die sich vor einem erblindeten Spiegel umarmen.
An den Fenstern des Spitals wärmen sich Genesende.
Ein weißer Dampfer am Kanal trägt blutige Seuchen herauf.

Die fremde Schwester erscheint wieder in jemands bösen
                                                                    Träumen.
Ruhend im Haselgebüsch spielt sie mit seinen Schatten.
Der Student, vielleicht ein Doppelgänger, schaut ihr lange vom
                                                                  Fenster nach.
Hinter ihm steht sein toter Bruder, oder er geht die alte
                                                             Wendeltreppe herab.
Im Dunkel brauner Kastanien verblaßt die Gestalt des jungen
                                                               Novizen.

Der Garten ist im Abend. Im Kreuzgang flattern die Fledermäuse umher.
Die Kinder des Hausmeisters hören zu spielen auf und suchen das Gold des Himmels.
Endakkorde eines Quartetts. Die kleine Blinde läuft zitternd durch die Allee,
Und später tastet ihr Schatten an kalten Mauern hin, umgeben vom Märchen und heiligen Legenden.

Es ist ein leeres Boot, das am Abend den schwarzen Kanal heruntertreibt.
In der Düsternis des alten Asyls verfallen menschliche Ruinen.
Die toten Waisen liegen an der Gartenmauer.
Aus grauen Zimmern treten Engel mit kotgefleckten Flügeln.
Würmer tropfen von ihren vergilbten Lidern.
Der Platz vor der Kirche ist finster und schweigsam, wie in den Tagen der Kindheit.
Auf silbernen Sohlen gleiten frühere Leben vorbei
Und die Schatten der Verdammten steigen zu den seufzenden Wassern nieder.
In seinem Grab spielt der weiße Magier mit seinen Schlangen.
Schweigsam über der Schädelstätte öffnen sich Gottes goldene Augen.

Lars-Arvid Brischke

TOTENTANZ G. T.

Es ist eine brennende lampe im zimmer des blinden.
Es ist der blick eines trunkenen, den die schwester heimholt.
Es ist ein weinstock mit bleiernen trauben und blättern aus blech.
Es ist eine vase, in der die blaue blume verwelkt.
Der soldat formt aus lehm sein altes gesicht. es ist eine apotheke
Voll halluzinationen. man nimmt sie ein wie gedichte.
Die männer zittern unter schwarzem gefieder.
Die frauen geben sich gelben schnäbeln hin,
Wenn die parasiten ihre wirte verkümmern lassen. o unser
                                          verlorener krieg.

Die luftigen brücken aus grauguss wurden gesprengt.
Man spannt den tagelöhner vor den karren. in hauseingängen
                                          lungern hungrige.
Der sohn des eisenhändlers droht zu ersticken
Zwischen den antiquitäten der mutter. vorahnung einer
                                          gewitterfront.
Es sind feiste ratten, die am leichengift ihrer artgenossen
                                          verenden.
Es sind märsche und walzer im haus des gelähmten.
Es sind schatten der gefallenen freiwilligen. sie irren durch den
                                          garten.
In schwärmen zieht von süden das frühjahr herauf.
Am ufer des flusses verwest ein vogelgerippe.

Die hände der schwester schlafen auf elfenbeinernen tasten.
Mit wächsernem antlitz geht die musik weiter im haus auf und ab.
Der alchimist beugt sich in der verhangenen kammer seinen
                                          substanzen.
Unter den schlägen der abendglocke wickelt die wöchnerin ihre
                                          fehlgeburt ins laken.
Sonaten mit unendlichen reprisen spiegeln sich im dunklen flügel.

Der einsame sitzt auf gepackten koffern. zikaden durchbrechen
                                         die dämmerung.
An den sträuchern wachsen purpurrot die zertrümmerten
                             münder der kriegsversehrten.
Goldener herbst in galizien. die jungfrau maria steht
                           teilnahmslos in ihrem schrein.
Ihr gewand ist von käfern zerfressen. aus ihren augen und
                                      brüsten fließen
Die kleinen rinnsale des aberglaubens.

Es ist ein leeres boot, das nachts vom anderen ufer herübertreibt.
Auf einer wendeltreppe steigt der wahnsinnige höher und höher.
Der süchtige nimmt seine tägliche dosis quecksilber.
In die zimmer der verwundeten dringen rettende engel.
Senfgas strömt ihnen über die lippen und sickert in die betten.
Der knabe lehnt am fenster des spitals und betrachtet das
                                    mächtige friedhofstor.
Am himmel zerfällt eine elster. ihre überreste zerstreuen sich.
Und die künftigen schlachten des krieges finden den winzigen
                                    eingang zu einem leib.
Auf dem grab des freiwillig gefallenen spielen die ewigen
                                        schlangen.

Stumm gibt sich georg seinen inneren stimmen hin.

Kurt Tucholsky

AUGEN IN DER GROSSSTADT

Wenn du zur Arbeit gehst
am frühen Morgen,
wenn du am Bahnhof stehst
mit deinen Sorgen:
da zeigt die Stadt
dir asphaltglatt
im Menschentrichter
Millionen Gesichter:
Zwei fremde Augen, ein kurzer Blick,
die Braue, Pupillen, die Lider –
Was war das? vielleicht dein Lebensglück ...
vorbei, verweht, nie wieder.

Du gehst dein Leben lang
auf tausend Straßen;
du siehst auf deinem Gang,
die dich vergaßen.
Ein Auge winkt,
die Seele klingt;
du hasts gefunden,
nur für Sekunden ...
Zwei fremde Augen, ein kurzer Blick,
die Braue, Pupillen, die Lider;
Was war das? kein Mensch dreht die Zeit zurück ...
Vorbei, verweht, nie wieder.

Du mußt auf deinem Gang
durch Städte wandern;
siehst einen Pulsschlag lang
den fremden Andern.
Es kann ein Feind sein,
es kann ein Freund sein,
es kann im Kampfe dein

Kurt Tucholsky

Genosse sein.
Es sieht hinüber
und zieht vorüber ...
Zwei fremde Augen, ein kurzer Blick,
die Braue, Pupillen, die Lider.
Was war das?
Von der großen Menschheit ein Stück!
Vorbei, verweht, nie wieder.

Lars-Arvid Brischke

TOTENTANZ K. T.

wo die maschine brüllt
da fehln die worte,
wie zahnrad zahnrad drillt
ist schlimmste sorte:
es bricht kein zahn
es kräht kein hahn
wer will sich dämmen
entgegenstemmen:
wars der pazifik, der niederkam,
die dampfer, segelboote, ein tanker –
nicht gesehn? was da im auge schwamm ...
geht schief, nicht mehr – vor anker.

wie das getriebe greift
nach drallen lenden;
und wie der kolben pfeift –
an allen enden:
    viel sand gestreut
    streit nicht gescheut
ärger – ein batzen
der hirsch wird platzen ...
wo bleibt das knirschen, ein kleiner knall?
die strapse, korsette, das mieder –
nicht gehört? bleiben werden hauch und schall
ums haar – verstummte lieder.

was fällt vom apfelbaum?
wohl keine birnen!
was auffällt ist der schaum
in den gehirnen –
ob das ein werk ist
ob das von wert ist
weil dran ein pazifist

Lars Arvid Brischke

vereinsamt ist –
    kein halt mehr finden
    die schuhe binden
nicht an die heimat, an keinen gott
die nase, der magen, die nerven
wie das riecht?
fauler apfel im birnenkompott! –
der wunsch: sich zu entschärfen.

Heinrich Hoffmann von Fallersleben
GRÜNDERS MITTAGSLIED

Ich bin ein Gründer froh und frisch,
schon heute setz ich mich zu Tisch
als dürft' ich weiter mich nicht quälen
als meine Zinsen nur zu zählen.
Gottlob, ich weiß mir selber Rat,
nichts soll mich kümmern Stadt noch Staat:
Dem Gründerleben treu ergeben
Verschaff' ich mir ein würdig Leben.
Was gehet das Verdienst mich an?
Nur der Verdienst ist noch mein Mann:
Ich will mir flechten selbst zum Lohne
aus Aktien eine Bürgerkrone.

Tom Schulz

Schinders Mittagslied

ich bin ein Schinder, roh und dreckig
schon quäle ich den fleckigen Sparkassenangestellten
als dürft ich diesen Scheck nicht platzen lassen
die Deckung jener Hengste, die sich geldvermehren

das Ertragreich komme, in Ewigkeit!
ich kauf die Schulden auf, verkauf sie an den Staat
denn teurer Rat ist doppelt teuer, wie man sagt
wer im Brockhaus steht, soll nicht mit Steinen

ich bin 1,85 männlich weiß und leb vom Zinses
zins, ob Sinn oder Kaminsims, keine Hürde
ich will mir schlagen aus der Krone
die Zacken Stammheims beste Bohne

Karl Mayer

Meine Gegend

Preist eure Gegend meinethalb!
Ich sehe, wenn ich steige, bald
Den Schwarzwald und die Schwabenalp,
Im Fernduft Frankens Odenwald.
Ich denk' herum auf ihren Höhn
Und fühle deutsch und wohne schön!

Björn Kuhligk
Mond überm Henninger Turm

Deutsches Bankfurt, Mainhattan
was macht man hier, auf diesem Partybalkon
oberhalb bundesdeutscher Gleise
einer gegen eine Million Ideen
Ich sehe, wenn ich steige

unterm Dreiviertelmond drischt
ein ICE durch den Kalauerkranz
den der dritte Grillmeister
dieses Abends zum Besten gibt
Im Fernduft Frankens Odenwald

und dann sagt eine, die es anders wissen
könnte, dass sie ihr Leben anders usw.
und dann sagt einer: »Wenn die Sonne
untergeht, ist es theoretisch Nacht«
und dann fügt einer hinzu, dass wo die Haut
enden würde, da beginne die Welt
Preist eure Gegend meinethalb!

Lidl leuchtet uns und denen, die morgens
die Stadt als Kollektivbestrafung, und denen
die das Brot von Bäumen, denen, die nicht
wissen, die Welt verendet, wo die Haut beginnt
... und wohne schön!

Theodor Storm

TROST

So komme, was da kommen mag!
So lang du lebest, ist es Tag.

Und geht es in die Welt hinaus,
Wo du mir bist, bin ich zu Haus.

Ich seh dein liebes Angesicht,
Ich sehe die Schatten der Zukunft nicht.

Björn Kuhligk

IM LIEPNITZSEE

Mit dem Heidekrautexpress
ins Gebälk, *so komme, was
da kommen mag*, tausend Jahre
Flugverkehr, danke, es reicht
hier hört man nichts, eine Ladung
Schrapnall-Fressen auf einem Steg

und keine Assimiliertenstraßen
und geht es in die Welt hinaus
in denen die Zeichen nicht wissen
wohin, *wo du mir bist, bin ich zu Haus,*
nach dem Tauchgang *dein liebes Angesicht*
unterm ratzefatzeschönen Wölkchen-Himmel

Gottfried Keller

WINTERNACHT

Nicht ein Flügelschlag ging durch die Welt,
Still und blendend lag der weiße Schnee,
Nicht ein Wölklein hing am Sternenzelt,
Keine Welle schlug im starren See.

Aus der Tiefe stieg der Seebaum auf,
Bis sein Wipfel in dem Eis gefror;
An den Ästen klomm die Nix herauf,
Schaute durch das grüne Eis empor.

Auf dem dünnen Glase stand ich da,
Das die schwarze Tiefe von mir schied;
Dicht ich unter meinen Füßen sah
Ihre weiße Schönheit Glied für Glied.

Mit ersticktem Jammer tastet' sie
An der harten Decke her und hin.
Ich vergaß das dunkle Antlitz nie,
Immer, immer liegt es mir im Sinn!

Nathalie Schmid

ALS ICH AUF DEM HÜGEL LAG

der wind das gras umbog bis es trieb
wie wasser aber es blieb gras
schien der seebaum wieder auf
im langen haar der nixe

es schlugen gestirne wie falter
tiefer an und kreisten
grosse flügel und oranges blinken
ganz gischt und wechsel der anatomie

es scheint still jetzt keine frage
nach anderen sprachen keine bewegung
wellenförmig wie sich die letzten
schatten langsam wenden

nur nachts bewegen sich die träume
der see dunkelt mit dem wind
vom wasser die pfähle luftblasen schlagen
und die augen eines urzeitmenschen funkeln

kohlenumrandet

C. F. Meyer

DER SCHÖNE TAG

In kühler Tiefe spiegelt sich
Des Juli-Himmels warmes Blau,
Libellen tanzen auf der Flut,
Die nicht der kleinste Hauch bewegt.

Zwei Knaben und ein ledig Boot –
Sie sprangen jauchzend in das Bad.
Der eine taucht gekühlt empor,
Der andre steigt nicht wieder auf.

Ein wilder Schrei: »Der Bruder sank!«
Von Booten wimmelts schon. Man fischt.
Den einen rudern sie ans Land,
Der fahl wie ein Verbrecher sitzt.

Der andre Knabe sinkt und sinkt
Gemach hinab, ein Schlummernder,
Geschmiegt das sanfte Lockenhaupt
An einer Nymphe weiße Brust.

Lars Reyer

Der schöne Tag des Souvenirverkäufers

Das tiefseeblaue Porzellan, mit Ansichten bedruckt,
»made in Taiwan« & spülmaschinenfest; Liköre,
warme Flut; Staub tanzt im letzten Tageslicht; der Hauch
des Ventilators schwächt die Schwüle nicht; & er rotiert,

um Kundenwünsche zu erfüllen, zwischen Keramik
& Textil hat er sich schon halbiert, er bringt,
addiert Beträge, innerlich abgekühlt taucht er
als anderer aus dem Reserveschlick empor.

Die Kasse klimpert: »Recht vielen Dank!« Die Stimmen
wimmeln an sein Ohr, Schwärme, die nicht sinken. Man
fragt ihn nach dem Weg, nach Bootsausflügen »Angst
vorm Ertrinken?« Er lächelt wie ein Angestellter.

Der andere, von heller Müdigkeit umspült, steht
abseits inmitten dieses Strudels, ist Grund
unter den Füßen?, er treibt & schmiegt den kahlen Kopf
in eine Dämmerung aus tiefseeblauer Gischt.

August Stramm

TRIEBKRIEG

Augen blitzen
Dein Blick knallt auf
Heiß
Läuft das Bluten über mich
Und
Tränket
Rinnen See.
Du blitzest und blitzest.
Lebenskräfte
Lodern
Moder wahnet um
Und
Stickt
Und
Stickt.

Christian Röse

Unterm Strich Mitte

1. Oberhalb

vereinzelte Rippe; sie zählt er nicht lang
zählt sie aus, blank gezogen blitzblank
zur Entladung strömt stark hohlen Bogens
sein Anspruch, rauscht evolutionslos

verspricht die Ferne hält ein Regenrohr
umwölkt er deckt die Sonnenuhr
sein Hohlkreuz birgt beschirmt
was man nicht alles tut, im Auf- im Abwind
deckt ihr Sonne zu, im Spiel
ihr Wetter hält nicht still

nicht Differenz zu sein
was sie nicht alles will
von vergebenen Kernen

bleibt Hülse statt Härte zurück
er zählt und zählt und zählt sich mit
zum Fleisch, Unsumme

flach tausendfach Tausendschön
da kommt auch etwas über ihn
ihr Pfeifen und es donnert ihm
höheres Wirbeltier

II. UNTERHALB

vielmals ergeben und ihr Blick soweit
ein weiterer der kleineren
Kernschatten nimmt still ab
von seiner Brust

als Lache liefe in ihn Trichter ein
ihm Ab- ihm Weiterleiter
läge dann bald liegt allein
weder Nähe noch Naht
leer wie ein Hosenbein
still wie unsereins
wäre der Abmarsch nicht und unrein

darin schlägt's ungeschützt
sein rippenloser Leib
nur noch vom Fleisch gestützt
das sieht dass sie nackt wären
weltweit, doch abseits

Dritter Teil

Anonym

DE LEBIRMERE

Ein mere ist giliberot,   daz ist in demo wentilmere westerot.
so der starche wint   giwirffit dei skef in den sint,
nimagin di biderbin vergin   sih des nieht irwergin,
si nimuozzin fole varan   in des meris parm.
ah, ah denne!   so nichomint si danne,
si niwelle got losan,   so muozzin si da fulon.

Florian Voß (*1970)

Nachdichtung von Florian Voß

Das Lebermeer

Ein Meer ist glibberig,   das ist in dem Weltmeer westlich.
Wenn der starke Wind   wirft die Schiffe in diesen Sund,
kann keiner der fähigen   Schiffer verhindern
dass sie fallen müssen voran   in des Meeres Schlund
Ach, ach dann!   Wenn sie nicht kommen von dannen,
so Gott sie nicht loslöst,   müssen sie dort dann verfaulen.

Florian Voß

MEERESGARTEN

Wir stehen in dem Glibbermeer
und unsere Lebern werden rot
wenn wir den Weinkrug heben
Die Fische haben große Augen
Der Tiere Augen auf dem Land
sind fremde Beute wenn sie
in den Dünen schwanken
Das Schiff am leberroten Horizont
wird durch die See geworfen
Wir trinken die Jahrhunderte
Das Glibbermeer faucht in uns auf

Anonym

Pro Nessia

Gang uz, Nesso, mit niun nessinchilinon,
uz fonna demo marge in deo adra,
uonna den adrun in daz fleisk,
fonna demu fleiske in daz fel,
fonna demo uelle in diz tulli!
Ter Pater noster. –

Nachdichtung von Florian Voß

Für Würmer

Geh raus, Wurm, mit neun Würmelein,
raus aus dem Mark rein in die Adern,
und aus den Adern rein in das Fleisch,
von dem Fleisch in das Fell,
von der Haut in den Huf!
Drei Vaterunser.

Florian Voß

LÜNEBURGER SCHRIFTSTELLER-SEGEN

Schlechter Stil fahre fort
aus dem Blatt in die Tinte
aus der Tinte in die Feder
aus der Feder in den Füller
aus dem Füller in die Patrone
mit der Patrone aus dem Revolver
weit in den Hag und in die Heide!

(Drei Vaterunser)

Anonym

MARIENSEQUENZ, HANDSCHRIFT AUS MURI

Ave · vil liehter meres sterne ·
Ein lieht der cristenheit · Maria · aller magede ein lucerne ·

[...]

Uwe Tellkamp

Der Nautilus: Falter (Textauszug)

Ave · hell=lichter Meeres Stern
Meerfahrer grüßt dich, aller Schiffe lucerne.
Und dein Fuß berührt die Erde, deine Hände grünen
Türen in die kalten Tage, wie du Quellen sprichst, Gesicht
von süßen Lippen Strom, Elben die Johannis Nachtweiß-
                                    wandeln, in
Bewandtnis, Phlox vom landen Fleckenkönig, *Vitis alba* die
                                    Clematis
Vinca, diese immern-Immen, baumeistern Bienen die Achteck-
Waben, ottonischen, die Kerbenzeichen, ausfahren fundamenten
Eichenmeister, parallelen, täufen wie der Berggang ist im raumen
Malerbuch, Hermelin das zeigt und schwindet (~ *Dame streicht,*
und Zärtlichkeit die ihr der Maler reicht, was atmet unter
diesem Augenblick, dies Tier auf ihrem Arm: scheu und tödlich)
Schwarzkreuz bannt im Schneeweiß der Facetten, Undinen unter
wispern Werra, ringoltingen, Thüringen, blößen Flachs von
                                    Schlüsseln
vierkant-Blumen/staben garn-auf-garnen Steineweber, Staufen
meißeln, mit den Bienenschnäbeln/Kröneln, schleudern Licht-
                                            zu
Eisenhonig zu Kristallregie (*schaltkreisen: punct contra punctum,*
fug-um-Fugen, die natürliche Musik des Apfels, Quinten-
Zirkel: Den Pinsel tauchst du nicht in die Farben der Natur,
Unschuld-Farben komponieren, Mondrian, die Harfe der
                                    Geometrie,
ist es: *Gott wohnt nicht im Schmutz?*
Wie herrlich klingt das reine Blau)

– *lumen*. Braunauge Falter öffnet Farne auf den flügel-
Schwerelosen, Achtarm-Arnika die Skala Strahlen,
                                schräggestrichen
Skizzen-Instrument, wie die Wunde unter Wimpern liegt, und
                                          heilt

malerstill die Stunde Schlaf im Munde, doch die Horen tanzen
auf den Wiesen, locken Blumen, wie die Jahreszeiten. Rot-Faden
ad-asper, hauchen Rauch (*brumage*) Mantelgrau und Mandel
wegewach, fege, frischer Frühlingsbesen,
fege grün was weiß gewesen!

Wie sich mein Herz verjüngt.
Und sieh: den Kinderblick der Dinge.
Und höre: klar wie Bachgewissen

liaisons mit Lilien
trüben-fischen zwischen Finger-Ufern/tast-Kastanien, weit
sagenhallen Winterberg und Zirkelstein, ich gehe aus,
mir sind die Augen leicht. Und höre:
Flieder von Riesen, ungetauft ist noch der Lindenmond, singt
würtzgebühr von seinen Zweigen, Wasser klingt
und rieselt unter Schmieden, *würtzgebühr*
die Drosseln schlagen, lock-lock froh-
Locken dieses Haselstrauchs, und dort: Da sitzt
ein Ruß-Gesell, ein kleiner Schornsteinfeger, Nüsslein
Schreckundweg, das mauzt (es ist die Katze Josephine
ein ängstliches Geschöpf!)

– flimm: Daphne Brombeerfalter, zipfeln grün/grün
Sütterlin die Krakel Reben mannshoch-Logen, rosten
Renetten durch die Dämmerung des Hags, Prag-ragen
Igel-Kissen, Kufen über Nixensilben, silbern Unstrut-
Echos, mit Adonisfingern aus dem Schweigen zeichnen, alten=
bourgen, kommt ihr kleinen Brüder Schwestern Lebe-
Wesen daß ich sage nicht und bin in eurem Namen

[...]

Anonym

Dû bist mîn, ich bin dîn

Dû bist mîn, ich bin dîn:
des solt dû gewîs sîn.
dû bist beslozzen
in mînem herzen:
verlorn ist daz slûzzelîn:
dû muost immer drinne sîn.

Hendrik Rost

SCHLÜSSELBUND

An meinem Bund ein Schüssel,
ich trage ihn seit Jahren herum,
obwohl ich kein Schloss habe,
zu dem er passt. Ich erinnere mich
kaum, welche Tür er geöffnet hat.
Ballast, könnte man sagen,
Talisman, sentimental. Gefühl
für den Ort, den man einmal
besetzt hat, dann aufgegeben.
Hab ich die Wohnung damals
abgeschlossen? Dank ihm
hat das Herz einen vagen Sitz:
Ein Tisch wird gedeckt,
das Kind beruhigt, ein Streit
vielleicht, der Fernseher läuft.
Ich schätze sein ungebrochenes
Versprechen – bin da gewesen,
der Phantasie überlassen.

Anonym

Eine ohne Melodie überlieferte Textvariante von 1467

Es ist ein Schnee gefallen,
und es ist doch nit Zeit:
Man wirft mich mit dem Ballen,
der Weg ist mir verschneit.

Mein Haus hat keinen Giebel,
es ist mir worden alt.
Zerbrochen sind die Riegel,
mein Stübelein ist mir kalt.

Ach Lieb, lass dich erbarmen,
daß ich so elend bin
Und schleuß mich in dein Arme:
So fährt der Winter hin.

Matthias Göritz

Eine ohne Melodie fast gelieferte Textvariante von heute

Ein Garten ist eine Idee
voll Sommerblüten
Schnee

Es ist ein Gedicht
das ich immer schreiben
ein Ort an dem immer bleiben

wollen soviel wie verlieren hieß
soviel wie verlieben
soviel wie wir lieben

Es ist ein Schnee gefallen
in der Allee aus unbekannten Worten
Ich lieg in ihnen allen

man kann mich nur nicht sehn

Ambrosius Metzger

VENUSBLÜMLEIN

Spazieren wollt ich reiten
Der Liebsten vor die Thür,
Sie blickt nach mir von weitem,
Und sprach mit großen Freuden:
»Seht dort meines Herzens Zier,
Wie trabt er her zu mir!
Trab, Rößlein trab,
Trab für und für.«

Den Zaum, den ließ ich schießen,
Und sprengte hin zu ihr,
Ich thät sie freundlich grüßen,
Und sprach mit Worten süß:
»Mein Schatz, mein höchste Zier,
Was macht Ihr vor der Thür?
Trab, Rößlein trab,
Trab her zu ihr.«

Vom Rößlein mein ich sprange
Und band es an die Thür,
Thät freundlich sie umfangen,
Die Zeit ward uns nicht lange,
In Garten giengen wir
Mit liebender Begier;
Trab, Rößlein trab,
Trab leis herfür.

Wir setzten uns da nieder
Wohl in das grüne Gras
Und sangen hin und wieder
Die alten Liebeslieder,
Bis uns die Äuglein naß
Wegen der Kläffer Haß.
»Trab, Rößlein trab,
Trab, trab fürbaß.«

Crauss.

SPRICHWORT

spazieren wollt ich reiten
auf der liebsten wie ein tier:
aufs rösslein mein ich sprange
mit liebender begier.
ich musste ihren willen weiten
mit gert und golden zaum:
so ritten wir sehr lange —
ich ritt ja noch im traum!

Guilhèm de Peitieus

FARAI UN VERS

Farai un vers de dreyt nien:
non er de mi ni d'autra gen,
non er d'amor ni de joven,
ni de ren au,
qu'enans fo trobatz en durmen
sobre chevau.

No sai en qual hora'm fuy natz:
no suy alegres ni iratz,
no suy estrayns ni sui privatz,
ni no'n puesc au,
qu'enaissi fuy de nueitz fadatz,
sobr' un pueg au.

No sai quora'm fuy endurmitz
ni quora'm velh, s'om no m'o ditz.
Per pauc no m'es lo cor partitz
d'un dol corau;
e no m'o pretz una soritz,
par Sanh Marsau!

Malautz suy e tremi murir,
e ren no sai mas quan n'aug dir;
metge querrai al mieu albir,
e non sai tau;
bos metges es qui'm pot guerir,
mas non, si amau.

M'amigu' ai ieu, no sai qui s'es,
qu'anc non la vi, si m'ajut fes;
ni'm fes que'm plassa ni que'm pes,
ni no m'en cau,

qu'anc non ac Norman i Frances
dins mon ostau.

Anc non la vi et am la fort,
anc non n'aic dreyt ni no'm fes tort ;
quan non la vey, be m'en deport,
no'm pretz un jau
qu'ie'n sai gensor et bellazor,
e que mais vau.

Fag ai lo vers, no say de cuy ;
e tramentai lo a selhuy
que lo'm trametra per autruy
lay vers Anjau,
que'm tramezes del sieu estuy
la contraclau.

Adrian Kasnitz

FARAI UN VERS

mein lied wird um rein nichts sich drehn
weder um mich noch um die frau
die manchmal aus dem fenster schaut.
kein haar wird hier
selbst wenn es anderswo passiert
der frau gekrümmt.

kein pferd wird schön
und ohne mich zu fragen wie
ein retter sein.
sing' nie für dich noch tu' ich sonst
dir einen andren gefallen.
um rein nichts wird mein lied sich drehn.

Martin Opitz

Auff des Petrarchen Katze

DEr Tichter von Florentz hat zweyerley geliebet/
Mich vor/ die Laura dann der er viel ehre giebet.
    Was lachst du? ihre ziehr war wuᵉrdig solcher brunst/
    Und meine grosse trew verdiente gleichfals gunst.
Sie machte daß er lust und muth gewann zum schreiben/
Ich machte daß die schrifft vor maᵉusen kundte bleiben.

Alexander Nitzberg

EINER PIANISTIN

Scarlattis Katze. Andauernd
    auf Fugen-Jagd.
Immer so lautlos lauernd

am Klavichord-Gehäuse.
    Schnappt sich im Takt
mal schwarze, mal weiße Mäuse.

Reißt sie mit Sammetpfoten
    entzwei – entdrei –
in Zweiunddreißigstel-Noten.

Und wenn sie elend verenden,
    zuckt ihr Schrei
noch lange Zeit in den Wänden.

Hans Sachs

Das Schlauraffen Landt

Ain gegent haist Schlauraffen land,
Den faulen leuten wol bekant,
Das ligt drey meyl hinder Weyhnachten.
Vnd welcher darein wölle trachten,

Der muß sich grosser ding vermessn
Vnd durch ein Berg mit Hirßbrey essn,
Der ist wol dreyer Meylen dick.
Als dann ist er im augenblick
Inn den selbing Schlauraffen Landt,

Da aller Reychthumb ist bekant.
Da sind die Heuser deckt mit Fladn,
Leckuchen die Haußthür vnd ladn,
Von Speckuchen Dielen vnd wend,
Die Tröm von Schweynen braten send.

Vmb yedes Hauß so ist ein Zaun,
Geflochten von Bratwürsten braun.
Von Maluasier so sindt die Brunnen,
Kommen eim selbs ins maul gerunnen.
Auff den Tannen wachssen Krapffen,

Wie hie zu Land die Tannzapffen.
Auff Fichten wachssen bachen schnittn.
Ayrpletz thut man von Pircken schüttn.
Wie Pfifferling wachssen die Fleckn,
Die Weyntrauben inn Dorenheckn.

Auff Weyden koppen Semel stehn,
Darunter Pech mit Milich gehn;
Die fallen dann inn Pach herab,

Das yederman zu essen hab.
Auch gehen die Visch inn den Lachn

Gsotten, Braten, Gsulzt vnd pachn
Vnd gehn bey dem gestat gar nahen,
Lassen sich mit den henden fahen.
Auch fliegen vmb (müget jr glaubn)
Gebraten Hüner, Genß vnd Taubn.

Wer sie nicht facht vnd ist so faul,
Dem fliegen sie selbs in das maul.
Die Sew all Jar gar wol geratn,
Lauffen im Land vmb, sind gebratn.
Yede eyn Messer hat im rück

Darmit eyn yeder schneydt eyn stück
Und steckt das Messer wider dreyn.
Die Creutzkeß wachssen wie die steyn.
So wachssen Bawern auff den bawmen,
Gleych wie in vnserm land die pflaumen.

Wens zeytig sind, so fallens ab,
Yeder in ein par Stiffel rab.
Wer Pferd hat, wird ein reycher Mayer,
Wann sie legen gantz körb vol Ayer.
So schüt man aus den Eseln Feygn.

Nicht hoch darff man nach Kersen steign,
Wie die Schwartzper sie wachssen thun.
Auch ist in dem Land ein jungkbrun,
Darinn verjungen sich die altn.
Vil kurtzweyl man im Land ist haltn:

So zu dem zyl schießen die gest,
Der weytst vom blat gewint das best;
Im lauffen gwindt der letzt alleyn.

Das Polster schlaffen ist gemeyn.
Ir Weydwerck ist mit Flö vnd Leusn,

Mit Wantzen, Ratzen vnd mit Meusn.
Auch ist im Land gut gelt gewinnen:
Wer sehr faul ist vnd schlefft darinnen,
Dem gibt man von der stund zwen pfennig,
Er schlaff jr gleych vil oder wenig.

Ein Furtz gilt einen Binger haller,
Drey gröltzer einen Jochims Thaler.
Vnd welcher da seyn gelt verspilt,
Zwifach man jm das wider gilt.
Vnd welcher auch nicht geren zalt,

Wenn die schuldt wird eins Jares alt,
So muß jm jener darzu gebn.
Vnd welcher geren wol ist lebn
Dem gibt man von dem trunck ein patzn.
Vnd welcher wol die leut kan fatzn,

Dem gibt man ein Plappert zu lohn.
Für eyn groß lüg geyt man eyn Kron.
Doch muß sich da hüten ein Man,
Aller vernunfft gantz müssig stan.
Wer synn vnd witz gebrauchen wolt,

Dem wurd keyn mensch im lande holdt,
Vnd wer gern arbeyt mit der handt,
Dem verbeut mans Schlauraffen landt.
Wer zucht vnd Erbarkeyt het lieb,
Denselben man des Lands vertrieb.

Wer vnnütz ist, wil nichts nit lehrn,
Der kombt im Land zu grossen ehrn;
Wann wer der faulest wirdt erkant,

Derselb ist König inn dem Landt.
Wer wüst, wild vnd vnsinnig ist,

Grob, vnuerstanden alle frist,
Auß dem macht man im Land ein Fürstn.
Wer geren ficht mit Leberwürstn,
Auß dem ein Ritter wird gemacht.
Wer schlüchtisch ist vnd nichtzen acht,

Dann essen, trincken vnd vil schlaffn,
Auß dem macht man im land ein Graffn.
Wer tölpisch ist vnd nichssen kan,
Der ist im Land ein Edelman. –
Wer also lebt wie obgenant,

Der ist gut ins Schlauraffen Landt,
Das von den alten ist erdicht,
Zu straff der jugent zu gericht,
Die gwönlich faul ist vnd gefressig,

Vngeschickt, heyloß vnd nachlessig,
Das mans weiß ins land zu Schlauraffn,
Damit jr schlüchtisch weyß zu straffn,
Das sie haben auff arbeyt acht,
Weyl faule weyß nye gutes bracht.

Daniel Falb

(DIE MESSBARE TIEFE DER ORGANISATION)

die messbare tiefe der organisation, die uns animierte. den urmeter prüfen. die häuser bestehen aus kuchen.

montagne sainte-victoire´s twenty four expiring versions per time unit. beachte das frischedatum der umgebenden dinge.

die natur produziert fertiggerichte. durch öffentliche ämter mithin geht das geerntete, geht das körpergewicht bekleidet hindurch.

wir lagen übereinander, in der generationszeit. auf mir befand sich ein präsident und die endlose reihe seiner lebendigsten darsteller.

sagt eine erbse zur andren. die nachschublinien sind über und über mit wohngebieten bedeckt. rasen von bürgerbüros.

wenn strukturen auf die straße gehen, was ist dann die straße. und das obst, am strauch sekundenlang optimal konserviert.

ich zahlte in der lebensmittelabteilung und bekam das geld am automaten zurück. das an den bäumen wächst

Francois Villon (ca. 1431–1463)

Francois Villon in einer Übersetzung von Paul Zech
Die Ballade von den Lästerzungen

In Kalk, noch ungelöscht, in Eisenbrei,
in Salz, Salpeter, Phosphorgluten,
in dem Urin von rossgen Eselsstuten,
in Schlangengift und Altweiberspei,
in Rattenschiß und Wasser aus den Badewannen,
im Saft von einem Krötenbauch und Drachenblut,
in Wolfsmilch und dem sauren Rest der Rotweinkannen,
in Ochsengalle und Latrinenflut:

In diesem Saft soll man die Lästerzungen schmoren.

In eines Katers Hirn, der nicht mehr fischt,
im Geifer, der aus den Gebissen
toller Hunde träuft, mit Affenpiß vermischt,
mit Stacheln, einem Igel augerissen,
im Regenfaß, drin schon die Würmer schwimmen,
krepierte Ratten und der grüne Schleim
von Pilzen, die des Nachts wie Feuer glimmen,
in Pferderotz und heißem Leim:

In diesem Saft soll man die Lästerzungen schmoren.

In einem Gefäß, drin alles reingerät,
was so ein Medicus herausholt aus den Schwieren
Gedärm an Eiter und verpestetem Sekret,
in Salben, die in ihren Schlitz sich schmieren,
die Hurenmenscher, um sich kalt zu halten,
in all dem Schmodder, den die Lust
zurücklässt in den Spitzen und den Spalten;
(wer hätte nicht durch solchen Schiet hindurchgemusst)

In diesem Saft soll man die Lästerzungen schmoren.

Silke Andrea Schuemmer

BALLADE AUF DIE LAST DER ZUNGEN

Ganz vorne schmeckt die Lüge süß
spaltet feucht den Lippenschlitz
Am Randwall schläft der Schlangenleib von Schuld
gespeichelter geschmeichelter Wulst
da fließts ins noppige Becken zurück
halb gekaut sauer und salzig zugleich die Scham
Schlucken lässt sichs kaum
der Schaum der Geifer quillt übers Schandmaul raus
Jede Noppe jede Knospe trägt der Zungen Last
Was darauf schwimmt will auch ans Licht
von fremden Mündern geleckt
in andre Ohren gesteckt
Der Zungenschlag ist wie ein Peitschenknall
wenn er auf Wunden trifft
Züngelnd den Herbstbrand der Wangen schürt
Übers Bittre aus dem Zungengrund hervorgewürgt
kann man nicht entsehnen was da fault
das wurzelt tief bis in den Rachenraum denn
die Hölle ist so heiß wie mans ihr zugesprochen hat
Kein Trog reicht hin für all den Schwall
das Ausgespiehne Entspuckte den Fäulnisniederschlag
Am Kesselboden steht in vollem Saft
das Lispeln und Flüstern das Züngeln und das Zischeln auch
Ins heiße Öl getunkt und kleingeschmort
die Lästerzunge damit das was sie getragen hat
beim nächsten mal die Kehle runterpasst

Heinrich Heine

FRÄULEIN AM MEER

Das Fräulein stand am Meere
Und seufzte lang und bang,
Es rührte sie so sehre
Der Sonnenuntergang.

Mein Fräulein! sein Sie munter,
Das ist ein altes Stück;
Hier vorne geht sie unter
Und kehrt von hinten zurück.

Bas Böttcher

Das Fräulein

Es geht im Oktober das Fräulein
am Waldrand entlang spazieren.
Sie scheint ziemlich traurig zu sein,
weil die Bäume die Blätter verlieren.

»Doch jetzt mal Schluss mit Trübsinn.
Man kennt doch das Programm:
Es kommt schon bald der Frühling.
Der klebt sie wieder dran.«

Das gleiche Fräulein war völlig k.o.
neulich im Cinestar.
Nachdem nun neben Romeo
auch Julia gestorben war.

»Mein Fräulein, warum so viel Rührung?
Das kennt man doch auswendig:
Zur nächsten Vorführung
sind alle wieder lebendig.«

Ich konnte beobachten, dass
sie auch vor Freude weint,
wenn am Himmel blass
ein Regenbogen erscheint.

»Mein Fräulein, bitte, so geht das nicht!
Das ist doch nur ein optisches Phänomen.
Beim Gartenschlauch im Gegenlicht
da ist er auch zu sehen.«

Sie schaute mir lieb in die Augen.
(Sie war einseinundachtzig.)
»Mein kluger Herr, sie erlauben?«
Und küsste mich leidenschaftlich.

Ich sagte ihr schnell ins Gesicht.
»Dieser Kuss war wirklich nicht ohne!
Doch Liebe ist es leider nicht.
Das sind bloß die Hormone.«

Das Fräulein traf mich beim Fußball.
Meine Mannschaft hatte verloren.
Ich lag ihr mit einem Schwall
von Flüchen in den Ohren.

»Das ist doch bloß ein Spiel.«
Begann sie mich zu belehren.
»Mein Fräulein, wo bleibt das Gefühl,
wenn wir immer alles gleich logisch erklären?«

Ben Jonson

Hymn to Comus

Room! room! Make room for the bouncing belly,
First father of sauce and deviser of jelly;
Prime master of arts, and the giver of wit,
That found out the excellent engine the spit,
The plough and the flail, the mill and the hopper,
The hutch and the bolter, the furnace and copper,
The oven, the bavin, the mawkin, the peel,
The hearth and the range, the dog and the wheel;
He, he first invented the hogshead and tun,
The gimlet and vice too, and taught 'em to run;
And since with the funnel an hippocras bag
He has made of himself, that he now cries swag!
Which shows, though the pleasure be but of four inches,
Yet he is a weasel, the gullet that pinches
Of any delight, and not spares from his back
Whatever to make of the belly a sack!
Hail, hail, plump paunch! O the founder of taste,
For fresh meats, or powdered, or pickle, or paste;
Devourer of broiled, baked, roasted, or sod,
And emptier of cups be they even or odd:
All which have now made thee so wide i' the waist,
As scarce with no pudding thou art to be laced;
But eating and drinking until thou dost nod,
Thou break'st all thy girdles, and break'st forth a god.

Übersetzung von Jan Wagner

HYMNE AN COMUS

macht platz! dem wabbelnden wanst, freie bahn
dem vater der soßen, dem sulzenahn;
dem meister und quell von witz und verstand,
der das prachtgerät, den bratspieß erfand,
den pflug und den dreschflegel, speicher und mühle,
bottich und mehlsieb, pfannen und stiele,
den ofen, das reisig, die bäckerschiebe,
am feuer ein bratrad, von hunden betrieben;
er war es, der oxhoft und fässer erdachte,
mit bohrer und zwinge zum sprudeln brachte:
er wurde am trichter zum hippokrasschlauch
seiner selbst – und seht nur den hängebauch!
zwar ist nach vier zoll der schmaus schon vorbei,
doch die gurgel ist wachsam: von jederlei
genuß wird sie etwas stibitzen und lädt
dem rücken den sack auf, der wächst und sich bläht.
ein hoch deiner feistheit! du lehrtest zu lieben
pökel- und frischfleisch, chutney und grieben!
vertilger der speisen von grill, herd und rost
und leerer unzähliger gläser voll most:
wovon die hüfte so sehr profitiert,
dass man dein korsett vor dem nachtisch verschnürt;
doch isst du und trinkst, bis es schläfrig macht,
sprengst all deine bande – mit göttlicher pracht.

Arthur Rimbaud

Le Dormeur du Val

C'est un trou de verdure où chante une rivière
Accrochant follement aux herbes des haillons
D'argent. Où le soleil, de la montagne fière,
Luit; c'est un petit val qui mousse de rayons.

Un soldat jeune, bouche overte, tête nue
Et la nuque baignant dans le frais cresson bleu,
Dort: il est étendu dans l'herbe, sous la nue,
Pâle dans son lit vert où la lumière pleut.

Les pieds dans les glaïeuls, il dort. Sourirant comme
Sourirant un enfant malade, il fait un somme.
Nature, berce-le chaudement: il a froid!

Les parfums ne font pas frissoner sa narin;
Il dort dans le soleil, la main sur sa poitrine
Tranquille. Il a deux trous rouge au côté droit.

Übersetzung von Walther Küchler

Der Schläfer im Tal

Liegt eine grüne Lichtung, wo des Flusses Welle,
In tollem Singsang um die Gräser Fetzen säumt
Aus Silber, wo die Sonne stolz von Bergesschwelle
Leuchtet; ist ein kleines Tal, von Strahlen durchschäumt.

Ein Soldat, jung mit nacktem Haupte, offnen Mundes,
Den Nacken badend, wo die zarte Kresse blaut,
Schläft: liegend unterm Wolkenzelt, im Wiesengrund,
Bleich in dem grünen Bett, drauf lichter Regen taut.

Die Füße in den Lilien schläft er. Lächelnd, leise,
Als lächelte ein krankes Kind, in seines Schlafes Weise.
Natur, ihn friert; dein warmes Wiegen tät ihm not.

Die Düfte lassen nicht erschauern seine Nase;
Er schläft, die Hände auf der Brust, im sonnigen Grase,
So still. Er hat, zur Seite, rechts, zwei Löcher, rot.

Georg Heym

Der Schläfer im Walde

Seit Morgen ruht er. Da die Sonne rot
Durch Regenwolken seine Wunde traf.
Das Laub tropft langsam noch. Der Wald liegt tot.
Im Baume ruft ein Vögelchen im Schlaf.

Der Tote schläft im ewigen Vergessen,
Umrauscht vom Walde. Und die Würmer singen,
Die in des Schädels Höhle tief sich fressen,
In seine Träume ihn mit Flügelklingen.

Wie süß ist es, zu träumen nach dem Leiden
Den Traum, in Licht und Erde zu zerfallen,
Nichts mehr zu sein, von allem abzuscheiden,
Und wie ein Hauch der Nacht hinabzuwallen.

Zum Reich der Schläfer. Zu den Hetairien
Der Toten unten. Zu den hohen Palästen,
Davon die Bilder in dem Strome ziehen,
Zu ihren Tafeln, zu den langen Festen.

Wo in den Schalen dunkle Flammen schwellen,
Wo golden klingen vieler Leiern Saiten.
Durch hohe Fenster schaun sie auf die Wellen,
Auf grüne Wiesen in den blassen Weiten.

Er scheint zu lächeln aus des Schädels Leere,
Er schläft, ein Gott, den süßer Traum bezwang.
Die Würmer blähen sich in seiner Schwäre,
Sie kriechen satt die rote Stirn entlang.

Ein Falter kommt die Schlucht herab. Er ruht
Auf Blumen. Und er senkt sich müd
Der Wunde zu, dem großen Kelch von Blut,
Der wie die Sammetrose dunkel glüht.

Jan Wagner

DER SCHLÄFER IM WALD

> »Nature, berce-le chaudement: il a froid!«
> *Arthur Rimbaud*

er ist den tiefen schlaf noch nicht gewöhnt –
lang hingestreckt auf einer lichtung liegt er,
verlegen lächelnd wie ein frisch verliebter –,
den schlaf, das dunkel, das ihm innewohnt.

um ihn das kalte handwerk der natur:
der spechte klöppeln und die weberschiffchen
des mückenschwarms. in weichen chiffren
im hohen ufergras die ringelnatter.

er schläft, und nicht des flusses wasser
lässt ihn erwachen, nicht das entenschnattern;
das grün der uniform lässt ihn noch weißer

erscheinen, den das sonnenlicht vermisst:
hier endet er, und dort beginnt sein schatten.
ein rosenstrauß an seine brust gepresst.

Pierre Ronsard
Aus: La Salade
A Amadis Jamyn

Lave ta main, blanche, gaillarde et nette,
Trace mes pas, apporte une serviette :
Allons cueillie la salade, et faisons
Part à nos ans des fruits de la saison.
D'un vague pied, d'un vue écartée,
Deçà, delà jetée et rejetée,
Or sur la rive, ores sur un fossé,
Or sur un champ en paresse laissé
Du laboureur, qui de lui-même apporte,
Sans cultiver, herbes de toute sorte,
Je m'en irai solitaire à l'écart.
Tu t'en iras, Jamyn, d'un autre part
Chercher soigneux la boursette touffue,
La pâquerette à la feuille menue,
La pimpernelle heureuse pour le snag,
Et pour la rate, et pour le mal de flanc ;
Je cueillerai, compagne de la mousse,
La responsette à la racine douce,
Et le bouton des nouveaux groseilliers,
Qui le Printemps annoncent les premiers.

Übersetzung von Friedhelm Kemp
DER SALAT
An Amadis Jamyn

Wasch deine Hände blank und sauber frisch,
Und folge mir: bring auch ein Tüchlein mit:
Wir wollen Kräuter zum Salat uns pflücken,
Und was die Jahrzeit bringt, soll uns behagen.
Mit ziellos schwanken Schritten und den Blick
Bald hier, bald dorthin allenthalben lenkend,
Zum Ufer jetzt, und jetzt in einen Graben,
Auf einen Acker dann, der unbestellt
Auf brachem Grund die mannigfaltigsten
Gewächse treibt, will ich in diese Richtung
Mich von dir trennen und alleine gehn
Indessen du, Jamyn, auf jener Seite
Nach krausen Hirtentäscheln eifrig spähst,
Maßliebchen mit den zarten Blättern suchst
Und Bibernellen, die für Blut und Milz,
Auch gegen Seitenweh von guter Wirkung sind,
Will ich, die sich im dichten Moos verstecken,
Süßwurzlige Rapunzeln und die Knospen
Der Beerenbüsche pflücken, die als erste
Des lieben Frühlings Ankunft uns verkünden.

Jan Wagner

DER SALAT

(nach Pierre de Ronsard)

nur essig, öl und salz, jamyn, den rest
gibt die natur. du sagst, ich sei von sinnen,
weil mir nicht schmeckt, was anderswo verpraßt
wird, ich im garten bleibe? mag schon sein.

lieber im kreise meiner kardinäle,
der würdigen radicchios, ihrer bitter-
en lehre, der man kresse, pimpinelle
und schnittlauch beimischt, lieber dort die blätter

des löwenzahns, der sich durch eine kiste
aus lehm ins freie sägt, der chicoree
mit seinen weißen fackeln. mach nur, koste,
leg auch den lollo rosso in die karre,

die nussige rapunzel. nicht die letzten
sind mir die kopfsalate, hinterm knick
verborgen, wo sie ganz in sich zusammen-

gerollt sind, ihre bleichen herzen schützen
vor allzu großer helligkeit. genug:
nun laß uns kauen, dass es kracht, jamyn.

Vierter Teil

Novalis

WENN NICHT MEHR ZAHLEN UND FIGUREN

Wenn nicht mehr Zahlen und Figuren
Sind Schlüssel aller Kreaturen
Wenn die, so singen oder küssen,
Mehr als die Tiefgelehrten wissen,
Wenn sich die Welt ins freie Leben
Und in die Welt wird zurückbegeben,
Wenn dann sich wieder Licht und Schatten
Zu echter Klarheit wieder gatten
Und man in Märchen und Gedichten
Erkennt die wahren Weltgeschichten,
Dann fliegt vor Einem geheimen Wort
Das ganze verkehrte Wesen fort.

Hendrik Rost

NOVALIS-VIRUS

Das Mückengestöber im Garten:
Arbeitskampf aus Archiven
der Tagesschau. Morgens, ungewaschen
zum Geldautomaten. Traumzustände
dringen aus, nie ein. Schwarze Gebete,
wohin könnte ich fliehen,
sachlicher als Kontoauszüge.
Stehe unter Robinien an der Straße
bei Regen, der endlich aufhört;
aus Laub rinnt und tropft es nach.
Die Bank gibt Kredit für Urlaub
und Autos, Berechnung und Figur.
Auch dort, am äußersten Meer,
»kein Schlüssel aller Kreaturen«.

Christoph Wenzel

KREIDEPHYSIK

nun schneit es wieder gips (das ist kalziumsulfat) von der tafel
gesetz + natur sogenanntes – *das ganze verkehrte wesen*
ein bloßes experimentieren im staub diese trockenen

teilchen + formeln über die du dich hinwegsetzt
im gespräch über *weltgeschichten* mit den bank-
nachbarn steckst du die köpfe zusammen: *märchen und*

gedichte ein leises muster kleiner stimmen überlagert
von vorne der vortrag unterbricht das kreischen
der kreide die rechnet vom vortag noch müde

fehlen dir jetzt verstand und verständnis
für eine doppelte natur von welle + teilchen
sich abwechselnde *licht- und schatten-*

streifen durch die lamellen vorm klassenfenster
fällt dein blick aus den gläsern die blenden
geöffnet ins schulbuch: die *zahlen und figuren*

blind im papier verraten sich
physik + kreide dir im gespräch
in *einem geheimen wort*

Karoline von Günderrode

Der Luftschiffer

Gefahren bin ich in schwankendem Kahne
Auf dem blaulichen Ozeane,
Der die leuchtenden Sterne umfließt,
Habe die himmlischen Mächte begrüßt.
War in ihrer Betrachtung versunken,
Habe den ewigen Äther getrunken,
Habe dem Irdischen ganz mich entwandt,
Droben die Schriften der Sterne erkannt
Und in ihrem Kreisen und Drehen
Bildlich den heiligen Rhythmus gesehen,
Der gewaltig auch jeglichen Klang
Reißt zu des Wohllauts wogendem Drang.
Aber ach! es ziehet mich hernieder,
Nebel überschleiert meinen Blick,
Und der Erde Grenzen seh' ich wieder,
Wolken treiben mich zurück.
Wehe! Das Gesetz der Schwere
Es behauptet nur sein Recht,
Keiner darf sich ihm entziehen
Von dem irdischen Geschlecht.

Christoph Wenzel

GÜNDERRODE: MIGRÄNE

im verdunkelten raum dem *schwankenden kahne* / im schwindel dieses trunkenen schiffs vor den augen / *die leuchtenden sterne umfließt* ein flimmern / und schmerzen im schädel: ein nimbus / diese aura: ins wasser geworfene / steine die *kreisen und drehen* auf der netzhaut // sensationen von dort ein *nebel überschleiert / meinen blick* und verengt mir das sichtfeld / in dem *die schriften der sterne* gewittern / hinter der linse die zu lesen hieße in blinden / flecken bilder zu sehen: *wolken / treiben* flicken im blick *auf dem blaulichen ozeane* aurora // diese morgendämmerung im kopf *im schwankenden kahne*: / dem verdunkelten raum – *der erde grenzen seh ich / wieder* und in der hirnhalbkugel reißts jetzt *gewaltig* / am trunkenen schiff

Joseph von Eichendorff

Bei Halle

Da steht eine Burg überm Tale
Und schaut in den Strom hinein,
Das ist die fröhliche Saale,
Das ist der Gibichenstein.

Da hab ich so oft gestanden,
Es blühten Täler und Höhn,
Und seitdem in allen Landen
Sah ich nimmer die Welt so schön!

Durchs Grün da Gesänge schallten,
Von Rossen, zu Lust und Streit,
Schauten viel schlanke Gestalten,
Gleichwie in der Ritterzeit.

Wir waren die fahrenden Ritter,
Eine Burg war noch jedes Haus,
Es schaute durchs Blumengitter
Manch schönes Fräulein heraus.

Das Fräulein ist alt geworden,
Und unter Philistern umher
Zerstreut ist der Ritterorden,
Kennt keiner den andern mehr.

Auf dem verfallenen Schlosse,
Wie der Burggeist, halb im Traum,
Steh ich jetzt ohne Genossen
Und kenne die Gegend kaum.

Und Lieder und Lust und Schmerzen,
Wie liegen sie nun so weit –
O Jugend, wie tut im Herzen
Mir deine Schönheit so leid!

Andreas Dürer

SCHREIBTISCHHEIMAT

Ein schmales Tal in dem Gewitter hängen bleiben.
Weinberge, darauf Schlachtfelder.
Blau-Weiß-Rot,
Schwarz-Rot-Gold.
Pulverturm mit finsteren Schießscharten.
An den Häusern rostige Tafeln für Gelehrte.
Fabriken, deren Schornsteine längst gefallen sind.
Hinterm Haus:
Der Ascheplatz.
Darauf der Haselnußstrauch;
und sandige Betonpfeiler
trugen wehende Wäsche.
Garagendächer.
Im dritten Stock die Familie
Beide Kinder in einem Zimmer
»Einen Schreibtisch für jeden.«
Nachteinsamkeit

»Eine Burg überm Tale
Das ist der Gibichenstein«.
Ruinen für die Künstler,
Backsteinfabriken für Grafiker.
Die stehen auf Gängen, warten mit Mappen;
darin alte Buchstaben.
In der Nacht mit Schreibtischlampen.
Nachteinsamkeit

Knallende Gusstüren, fliehendes Grün,
weite Stahlbrücken passieren den Zug.
»Reisepass?«
Der Bahnhof ist ein Betonschiff;
zwischen Ruinen Stadtbeleuchtung.
Orange glühende Straßenwinkel;
bebend kreischender Nachtzug
unter engen Häusern.
Nachteinsamkeit

Andreas Gryphius
Das Letzte Gerichte

AUff Todten! auf! die Welt verkracht in letztem Brande!
Der Sternen Heer vergeht! der Mond ist dunckel-rott/
Die Sonn' ohn allen Schein! Auff/ ihr die Grab und Kott
Auff! ihr die Erd und See und Hellen hilt zu Pfande!

Ihr die ihr lebt komm't an: der HErr/der vor in Schande
Sich richten liß/erscheint/vor Ihm laufft Flamm' und Noth
Bey Ihm steht Majestätt/nach ihm/folgt Blitz und Tod/
Umb ihn/mehr Cherubim als Sand an Pontus Strande.

Wie liblich spricht Er an/die seine Recht' erkohren.
Wie schrecklich donnert Er/auff dise/die verlohren.
Unwiderrufflich Wort/ kommt Freunde/ Feinde fliht!

Der Himmel schleust sich auff! O GOtt! welch frölich scheiden;
Die Erde reist entzwey. Welch Weh/welch schrecklich Leiden.
Weh/ Weh dem/der verdam't: wol dem/der Jesum siht!

Marcus Roloff

GEWITTER

scheint so vorbei an uns geht diese wolkenwand
in ihrem rücken fällt dir dann auf wie sie vom

liegen ins stehen kommen & beinah ausgeruht
laufen sie richtung campingplatz über die düne

die böschung herunter vorbei an den büdchen
& windflüchtern *welch frölich scheiden (…)*

die sonn' ohn allen schein & ich glaube zu wissen
sie meinten in dieser sekunde der auferstehung

sei noch zeit.

Catharina Regina von Greiffenberg

O Wort!

O Wort! dem alle Wort zu wenig, es zu preisen!
O Wort! durch welches ward, das man mit Worten nennt.
Durch dich, o Wesen-Wort! man dessen Selbstheit kennt,
Der seinen Allheit-Glanz, dich zeugend, wollte weisen.

O Wort! das auf das Wort des Engels wollte reisen,
In keuschen Tugend-Thron! das bleibet ungetrennt
Von seinem Ausspruch-Mund, doch alle Welt durchrennt.
Wort! das mit Worten kann, die voll der Werke, speisen.

Wort! das eh als sein Mund und Zunge war geboren!
Ja, Wort! das seinen Mund und Zunge selbst erschuf!
Wort! das zu reden ihm durch Schweigen hat erkoren!

Wort! des Unmündigkeit die ganze Welt ausruft,
O Wort! das Gott beredt zum Schaffen und Erlösen,
Wollst Worte dir zu Lob in mir jetzt auserlesen.

Angela Sanmann

VERSCHOBENE VERHEISSUNG

Bleib fremd,
Wort,
das seinen Mund und Zunge selbst erschuf,
    stehst in Halloren-Alphabeten
        in den Fluß geschrieben.

Worte sind Wasserläufer.

Gib Laut
    von der Irrfahrt der Engel.

Der Ausspruch-Mund beißt auf die Lippen,
                              seine, meine.

Das letzte A, das letzte O:
Abgefischt, ausgewrungen, verwrungen, verwunden.

Nibelungenlied, Strophe 12-14

12
NDisen hohen eren   trvmte Chriemilde
wie si zvge einen valchen   starch schon vn– wilde
den ir zwene arn erchrvmme*n*   daz si daz mvste sehen
ir enkunde indirre w*er*lde   leid*er* nimm*er* <geschehe*n*>

13
Den trvom si do sagete   ir <mvoter> voten
sine chundes niht beschaiden   baz d*er* gvten
der valche den dv zivhest   daz ist ein edel man
in welle got behvten   dv mvst in schier vloren han

14
Waz saget ir mir von manne   vil liebiv mvt*er* min
ane <reche*n*> minne   so wil ich imm*er* sin
svs schon ich wil belibe*n*   vnz an minen tot
daz ich von rechen minne   sol gewinnen nimm*er* not

Ruth Wiebusch

JAGDSTÜCK MIT GREIFEN

über der holland-autobahn stau
über den welligen feldern blau
rüttelt ein falke den himmel feucht
aufgezogen von eigener hand
aufgescheucht von zwei adlern

am rand der böschung die helle erlöschung
und federn die richtung schneezaun ziehn
dann im museum von amsterdam
stößt das mädchen die mutter an

ob das etwa liebe ist
der zerrissene falke den sie nicht vergisst
und der adler in öl der den falken besiegt hat
zerstört und erschlagen jetzt neben ihm liegt

Barthold Hinrich Brockes

Betrachtung verschiedener zu unserem Vergnügen belebten Insecten.

Man siehet ietzt fast überall mit Hauffen,
Viel bunte Käferchen, gefärbte kleine Fliegen,
Zu unsrer Augen-Lust, ein Leben kriegen,
Und in dem Gras', auf Kraut, auf Laub und Bluhmen lauffen.

Mein GOTT! wenn ich die bunte Meng' erwege,
Und ihrer Farben und Figur
Bewunderns-werthe Zierlichkeit,
Bewunderns-werthen Unterscheid,
In stiller Muss' erweg' und überlege,
Wie schnell sie hüpffen, fliegen, rennen,
Wie fertig sie sich regen können,
Ergetzet mich die spielende Natur.
Ich freue mich: denn ich kann deutlich sehn,
Da sie so mancherley, so zierlich und so schön,
Daß die Natur sie dazu bilden wollen,
Daß wir des Schöpfers Wunder-Macht,
Auch in derselben Farben-Pracht,
In unsrer Lust betrachten sollen.

Wer wird der Farben Meng' und ihre Schönheit nennen,
Erzehlen und beschreiben können,
Mit welcher die Natur die kleinen Thierchen schmückt?
Wie mancherley hab ich mit innigem Vergnügen,
Nur bloß an Fliegen einst erblickt!
Woran die Farben sich recht wunderbarlich fügen,
Braun, gelblich, röthlich, schwartz und grau,
Grün, roth, gelb, hell- und dunckel-blau,
Bald Gold mit grün, bald Gold mit roth, gemenget;
Bald ist der Flügel künstlichs Paar
Wie ein Crystall so weiß, so klar;
Bald sind auch die gefärbt und bunt gesprenget.

Bald scheinet sich in ihrer Flügel Glantz
Der bunten Iris halber Crantz
In schön gemischten Schmuck zu bilden.
Bey diesem ist der Leib, bey dem die Flügel, gülden.
Durchsichtig sind sie bald, bald wiederscheinend bunt;
Bald haben rothe blau-, bald grüne rothe Köpfe;
Bald sind die Köpfchen platt, bald sind sie lang, bald rund:
Es zieren selbige bald kleine schwartze Zöpfe,
Bald Hörnerchen, die eingekerbt und bunt.

Nico Bleutge

TASTRITZEN MULCHIGE SCHARTEN ...

II

tastritzen, mulchige scharten am zaun, in der baumrinde
sammeln sich tierchen, kleine gelenke rasten ein, struppige
                              laufkäfer
trippeln davon mit den glänzenden beinen, abfluggeräusche
stehende hummeln, knollen, die immer noch trocken sind
farne darüber, *dann andere stimmen*, die luft sorgt für leichte
                              erregung
im innern des strauchs, an den kanten der blätter
krallen die raupen sich fest. nur die spatzen verharren am rand
der gelockerten steine, schmal sind die schnäbel und weich
drückt der flaum durch die offenen federn, die feinen
                            geplusterten körper
speichern die wärme der stufen und geben sie bald
an die feldwespen weiter, die schnell richtung waldweg starten

maisstauden, dicht an den hängen, dahinter abgemähte flächen
das stumpfe licht auf den halmen, die knisternden ähren
huflattich, dünne streifen längs der gräben, und nur die spitzen
des klees in bewegung. härtere luft, als die krähen sich nähern
ihr anflug führt weiter hinein in die schneisen der landschaft
welliger sand, eine unterseeströmung, die bis an die weiden
                              reicht
hangwärts, in wechselnder folge, sie gleiten nach oben
sinken kurz ab, aus der weite sind schleifen erahnbar,
                            verbindungen
über den feldern, als schöbe sich etwas zusammen, die kurven
                              der vögel
die reibung der luft an den wolken, ein summen
das sich nicht zuordnen läßt. die konturen sind fein, gläsern
                              über der ebene

Nico Bleutge

ein gewebe, in sich bewegt, mit langfäden, steigender flutlinie
durchscheinend, nicht zu berühren, das sich ablöst mit jeder
                                        verschiebung
mit jedem tieferen schauen, langsam verschwindet

wind kommt auf, weitet die ziehende fläche
aus dem boden steigt feuchtigkeit, dringt in die zehen
die sich erst noch ertasten, gleichgültig gegen das gehen
sind die arme, ganz ruhig, kaum gespannt an den festeren
                                                     stellen
an den adern und strängen, den knöcheln und runzligen flecken
staubfäden spürbar, und kühle, das zucken der luft
an den härchen der hände, nicht zu entscheiden, auf welchem
                                                    niveau
sich die wolken allmählich verdichten. flugballen, dunklere felder
licht nur in schichten, suchende augen, das weitere sehen bleibt
                                                         klar
an die wenigen töne gebunden, den klang der gehölze, die lücken
                                                     im wind
der ein weghuschen ist von vertrauten geräuschen. von stimmen
entrückt fast, sie mischen sich leise, mit hafergeruch
wenn die ersten tropfen die staubmulden treffen, das gehen
den sand von den wegen verdrängt

Michael Lermontow (1814–1841)

Michael Lermontow in einer Übersetzung von Hendrik Jackson

Der Kelch des Seins

Wie trinken aus dem Kelch des Seins.
Die Augen sind geschlossen,
Doch unsre Tränen sind hinein
Am goldnen Rand zerflossen.

Wenn man vorm Tode um sich blickt,
Die Augen losgebunden,
Ist alles, was uns sonst verlockt,
Vor unsrem Aug' verschwunden;

Wir sehen dann: der Kelch war leer.
Wir tranken ihn zur Neige,
Jedoch sein Trank – ein Traum war er
Und der war nicht der eigne.

Hendrik Jackson
ANFLUG

Ja, sag ich ganz und gar reglos, gestern: in einem Anflug warmer Luftströme
stehend, waren Berge um das Flughafenfeld gruppiert, ein Hubschrauber
in schrägem Winkel – gleichmäßige Wellen, beginnende Konzentration:

den Abend umwehte Gleichmut, schlummerte Licht Linien Schemen
unentdeckt *(war die Welt da?)*, du standest *(leis)* abseits, beiläufig *(hinterher)*
ein Blick, den man im Andrang verlor, um ihn langsam wieder einzuholen

draußen felsiges, kristallines Dunkel Gemurmel und Steine, verstohlener
Moment, Fallwinde, den Faden verloren hineingedreht in das, was raschelt
bald rieselt und Schritt für Schritt naht, Trippeln und Stimmen tummelten

sich, wie von selbst *(ging das über in)* ein Rauschen Anheben oder Strömen:
(Windnische) im Nachthemd zu kriechen, Ruinen, durch die Steinöde Leere
ein schwarzes Bild ohne Abzug keine einzige Kopie nur körniges Gekräusel

*

Hendrik Jackson

wie man sich mit Mal in langsamen Bewegungen wiedererkennt, Böen und Töne
wo vorher haltlos alles zerrann, gerät jetzt im Augenblick des Wiedererkennens
(Kastanienallee) doch alles durcheinander *(später eintrudelnd)* – Vergeblichkeit

alles, was so lange gewartet hatte, unterhalb und behäbig wie Meer wie Wellen
aber: hielt ich mich, dachte an dich, Überschwemmungen mit *(verliebten)* Bildern
wollte *(wer)* kommende Erschaffung einzeichnen ...? *(sieben Tage lang, sieben Phasen)*

wie seit immer ... fast erwartet diese *(hundemüde)* Leichtigkeit, neben mir – eben hier 1
Tisch, in der Langeweile wie Lermontow – Wehmutsengel *(Erde)* schwarzes Glas
schwankend äugende Pappeln, wenn es nur Trunkenheit war ... Zaseln Geäst eine Stiege ...

(irritiert) im Feiern von Einhelligkeiten verhalten bleiben, bis etwas *(uns)* zu eigen wurde ...
andrängt in Vergleichen. Vorfreude, was sich sammelte eingrub anverwandelte. lagerten
wir schlossen die Augen: und: ob: als: Licht geht über Länder *(Gesichter)* Mauern Ritzen

*

rieselnde Gebirgsbäche. du, auf dem Balkon, noch im Mantel, eine Kühle ins Zimmer
tragend kamst du zurück. Stunden verschwanden, vorbeiwischende Irrlichter täuschten
– wie Quellen gerieten Aberwelten ins Strudeln, Einbildungen Lichtpausen Skizzen

über Waldwiesen schwirrende Phantasmagorien, schmerzhaft im treu atmenden Fell
was klar gesagt wurde, erhält einen Resonanzraum aus Dunklem, glauben wir doch immer
Wörtern aufs Ganze, überhaupt. alles – nichts – unvermittelt Überblendung Erinnerung

Berge Zimmer, wer sagte was? … wir, so beisammen, da wir bereits Argsinn schnürten
dürftig im eigenen Vertrauen, und vielleicht verfrüht, bemüht alles zu vergessen, bis:
ausgestrichen überspült alles schwankte, chemische Reinigungen im Sog, was dann jäh

verflog … Tragflächen zitterten, jede Fuge sichtbar, gingen die Klappen auf Gummiräder
fuhren aus in die Senkrechte, schwitzende Hände *(unbeteiligt)* alles im späten Halbdunkel
der Dämmerung, dachte ich zurück, sah mich bereits im Strom der beleuchteten Stadt

*

ANMERKUNG:

Das hier vorgestellte Gedicht sollte eigentlich in das Kapitel »Quellwasser« des Bandes »Dunkelströme« eingehen, wurde aus verschiedenen Erwägungen heraus ausgelagert, und tritt nun, mit neuem Quellcode (*Lermontow*) versehen, aus dem toten Winkel.

Thomas Hardy

To an Actress

I read your name when you were strange to me,
Where it stood blazoned bold with many more;
I passed it vacantly, and did not see
Any great glory in the shape it wore.

O cruelty, the insight barred me then!
Why did I not possess me with its sound,
And in its cadence catch and catch again
Your nature's essence floating there therearound?

Could *that* man be this I, unknowing you,
When now the knowing you is all of me,
And the old world of then is now a new,
And purpose no more what it used to be –
A thing of formal journeywork, but due
To springs that then were sealed up utterly.

Swen Friedel

NACH DER VORSTELLUNG

Die tragende Abspannmusik noch im Ohr,
hinaus in die zugige Seitenstraße,
matt im Niesel die Abendlichter –

das Kopfsteinpflaster glitschig.
Ein kurzer Blick noch aufs Plakat,
ich flüstre die fünf hellen Silben

ihres Namens, intimer Klang jetzt,
in ihm schwingt mit, was sein könnte,
jenseits von hündischem Bedürfnis.

Die Nässe im Nacken wiegt schwerer,
doch mit jener Schlusssequenz,
dem Ende in der Schwebe,

ist Sehnsucht, überlebensgroß,
für eine Weile gut verwahrt
in ihrem Gesicht, in jener Straße.

Thomas Hardy

FORMER BEAUTIES

These market-dames, mid-aged, with lips thin-drawn,
      And tissues sere,
Are they the ones we loved in years agone,
      And courted here?

Are these the muslined pink young things to whom
      We vowed and swore
In nooks on summer Sundays by the Froom,
      Or Budmouth shore?

Do they remember those gay tunes we trod
      Clasped on the green;
Aye; trod till moonlight set on the beaten sod
      A satin sheen?

They must forget, forget! They cannot know
      What once they were,
Or memory would transfigure them, and show
      Them always fair.

Swen Friedel

Frühere Schönheiten

Mit derzeitigen Schönheiten schlendern
sie samstags durch die Einkaufsstraßen.
Für Heute erschöpft sich für sie Altern
in Modefragen. Sie suchen sich meist
gedeckte Farben, verdeckende Schnitte,
das altersgerechte Sortiment,
und wägen vor Spiegeln ab, so beherrscht
auf ihrem Weg ins formlose Grau.

Treten sie aus den Schatten der Läden,
erfasst sie erste Frühlingswärme.
Vermissen, was einst war? Vielleicht.
Vergessen wollen? Brauchen sie nicht
ein kurzes Vergewissern, ein Blinzeln
zurück in die aufgewühlte Zeit
mit Tuscheln, hastigem Sex und Schwüren,
die alle Möglichkeiten barg?

Treten sie in die Schatten der Läden,
entlässt sie die erste Frühlingswärme.
Kein Blick mehr, der ermuntern soll.
Und auch kein Blick in ihre Richtung,
der verstohlen mustert, es sei denn –
die schlaffen Brüste in greller Bluse,
der flache Hintern in knapper Hose –
sie wollten Altern zu sehr zwingen.

Emily Dickinson

After great pain, a formal feeling comes

After great pain, a formal feeling comes
The Nerves sit ceremonious, like Tombs –
The stiff Heart questions was it He, that bore,
And Yesterday, or Centuries before?

the Feet, mechanical, go round –
A Wooden way –
Of Ground, or Air, or Ought –
Regardless grown,
A Quartz contentment, like a stone –

This is the Hour of Lead –
Remembered, it outlived,
As Freezing persons, recollect the Snow –
First – Chill – then Stupor – then the letting go –

Tanja Dückers

Der blaue Zirkus Welt

Ich bin nicht richtig
hier der blaue
Zirkus Welt
macht mich schwindelig
wenn ich fliegen will
hungrig und durstig
wenn ich mich nach Steinen verzehre
Alles will ich ändern
die Farbe der Ozeane
die Zusammensetzung der Luft
das Gewicht von Blei und Gold
Kiemen für uns Gäste
Äste für uns Arme
Ich bin nicht vertraut
mit den Gesetzen
Ich und nur ich
habe mir an Wolken
blaue Flecken geholt
Angst gehabt
nicht vorm Dunkel sondern vorm Licht
Dafür schlafe ich ruhig
auf Kirchturmspitzen
in Grüften sowieso
Während die anderen
so vor sich hin
beten und kneten
zähle ich meine Finger
aus Angst
sie irgendwo
in meinen leeren Himmel-Taschen
zu verlieren

Sergej Jessenin in einer Übersetzung von Paul Celan

KEINE HALME MEHR

Keine Halme mehr, kein Blatt.
Feuchtigkeit und Dunst vom Teiche
Berge, blau. Das Sonnenrad
Lautloses Hinab der Speichen.

Aufgeweichter Feldweg. Er
hat geträumt und folgt den Träumen:
nicht mehr lange, lang nicht mehr
wird der Graukopf Winter säumen.

Gestern, ach, mir klang der Busch,
sah ich, da die Nebel glitten:
Mond, das Füllen, Mond der Fuchs,
spannte sich vor unsern Schlitten.

Juliane Blech

WANDERUNGEN 6

sonne mustert das gras
setzt der stille ihr licht vor
vögel hacken es klein
eine blume sein sich selbst
nicht riechen den kellergeruch
der vom regen eroberten erde
die schwere der luft
nach langem dunkel
will der schatten nicht gehen
der schwarze kater tigert über den kies
träge blinzeln die grünen augen
wendet das blut sich von seite zu seite
verfangen im netz das die spinne gezogen
zu beginn dieses monats der die fühler
des frühlings nach innen stülpte
eine woge von sehnsucht beschwor
an störche zu denken an schwalben
einen hölzernen wagen beladen
mit blumen und sonnen
eine flüchtige wolke
geflochten aus goldenen halmen

C. Friedrich Heinle

PURPURSCHÄUMENDER ÄPFEL ...

Purpurschäumender Äpfel
Gelbes Laub
Trug die Frucht
Überall

Marion Picker

Umstandstragende Dirnen

Umstandstragende Dirnen
Was trägt was
Frag ich mich,
Hingebeugt

Bin ich so
Übers Maß
Spricht man nicht
Rechtens reproduzierend

Schau ich ins farblose All
Gravierender Übelkeit
Im Anstand von hundert Jahren

Freundlich winkt er mir zu dann
Der dickkopfständige Dichter
Mit der Laubsägearbeit.

Friedrich Hölderlin

MNEMOSYNE

Reif sind, in Feuer getaucht, gekochet
Die Frücht und auf der Erde geprüfet und ein Gesetz ist,
Daß alles hineingeht, Schlangen gleich,
Prophetisch, träumend auf
Den Hügeln des Himmels. Und vieles
Wie auf den Schultern eine
Last von Scheitern ist
Zu behalten. Aber bös sind
Die Pfade. Nämlich unrecht,
Wie Rosse, gehn die gefangenen
Element und alten
Gesetze der Erd. Und immer
Ins Ungebundene gehet eine Sehnsucht. Vieles aber ist
Zu behalten. Und not die Treue.
Vorwärts aber und rückwärts wollen wir
Nicht sehn. Uns wiegen lassen, wie
Auf schwankem Kahne der See.

Wie aber Liebes? Sonnenschein
Am Boden sehen wir und trockenen Staub
Und heimatlich die Schatten der Wälder und es blühet
An Dächern der Rauch, bei alter Krone
Der Türme, friedsam; gut sind nämlich
Hat gegenredend die Seele
Ein Himmlisches verwundet, die Tageszeichen.
Denn Schnee, wie Maienblumen
Das Edelmütige, wo
Es seie, bedeutend, glänzet auf
Der grünen Wiese
Der Alpen, hälftig, da, vom Kreuze redend, das
Gesetzt ist unterwegs einmal
Gestorbenen, auf hoher Straß
Ein Wandersmann geht zornig,

Friedrich Hölderlin

Fern ahnend mit
Dem andern, aber was ist dies?

Am Feigenbaum ist mein
Achilles mir gestorben,
Und Ajax liegt
An den Grotten der See,
An Bächen, benachbart dem Skamandros.
An Schläfen Sausen einst, nach
Der unbewegten Salamis steter
Gewohnheit, in der Fremd, ist groß
Ajax gestorben,
Patroklos aber in des Königes Harnisch. Und es starben
Noch andere viel. Am Kithäron aber lag
Elevtherä, der Mnemosyne Stadt. Der auch, als
Ablegte den Mantel Gott, das Abendliche nachher löste
Die Locken. Himmlische nämlich sind
Unwillig, wenn einer nicht die Seele schonend sich
Zusammengenommen, aber er muß doch; dem
Gleich fehlet die Trauer.

Marion Picker

SCHWERES GEPÄCK

So entsinn ich mich und alle Tage brachten
Regen nicht so war es doch und manches ging verloren
Nur die Treu ganz aufgeweicht noch Jahre Jahre zählte
an den Fingern ich's ihr ab, wie Sand im Turnschuh
fehlte den ich zeigen wollte schau mein Liebes so rinnt
auch … doch was ist das wenn ich nicht finde selbst
die Hand zu greifen und den Vergleich in klumpen Worten

Entsinn ich mich dann waren auch die Sterne
von der Partie im Ausland jedenfalls die festen
die wandelnden sind wir auf irren Bahnen und
der Jäger zu erkennen noch war eine Weile
gegürtet dreifach und davor die zahmen Hunde
jedoch der Turm mit Heimatstaub und altem Licht
im Zimmer hat sich geneigt am ausgetretnen Ufer

Nur Kieselsteine findt mein kalter Fuß und wortlos
Schieb ich Dir zusammen die drei Punkte in der Mitte

Friedrich Hölderlin

DIOTIMA

Du schweigst und duldest, und sie versteh'n dich nicht,
Du heilig Leben! welkest hinweg und schweigst,
  Denn ach, vergebens bei Barbaren
    Suchst du die Deinen im Sonnenlichte,

Die zärtlichgroßen Seelen, die nimmer sind!
Doch eilt die Zeit. Noch siehet mein sterblich Lied
  Den Tag, der, Diotima! nächst den
    Göttern mit Helden dich nennt, und dir gleicht.

Judith Zander

DIOTIMA

ach dulden was verstehst du davon barba-
rin wissen ist mitunter in vollem mun-
de magre nahrung du verbummelst
heilige zeiten ach! *once i wanted*

to be the greatest unter der sonne auch
in luft und liebe ist das verständnis rest-
licht das durch einen wie zum schild er-
hobenen keks dringt du schweigst zurecht dich

Friedrich Hölderlin

Bruchstück

Aber die Sprache –
Im Gewitter spricht der
Gott.
Öfters hab' ich die Sprache
sie sagte der Zorn sei genug und gelte für den Apollo –
Hast du Liebe genug so zürn aus Liebe nur immer,
Öfters hab ich Gesang versucht, aber sie hörten dich nicht.
Denn so wollte die heilige Natur. Du sangest du für sie in
deiner Jugend nicht singend
Du sprachest zur Gottheit,
aber dies habt ihr all vergessen, daß immer die Erstlinge
Sterblichen nicht, daß sie den Göttern gehören.
gemeiner muß alltäglicher muß
die Frucht erst werden, dann wird
sie den Sterblichen eigen.

Marcus Roloff

HÜLLE & FÜLLE

sprache wechselt die kleider wie andere
partner tempel & götter zitieren wir nicht
das ist zu lang her ich aber (*nicht singend*
: schon gar nicht in meiner *jugend*) spreche
zu dir d.h. um die sterbenshülle herum.

ich geh so vernagelt umher wenn mich die
sprache verlässt ja auch die garten- &
pflanzmetaphorik zieht sich zurück aus
dem kreis der ausdrücklichen vorliebe
für die fülle des *erstlings*.

dann also spricht er als wettergott doch
& ich könnte heulen vor wut über mein
taubes gehirn zweitausend zipperlein
bringe ich vor gegen die suche nach einer
antwort auf die frage wer er denn sei.

Friedrich Hölderlin

HÄLFTE DES LEBENS

Mit gelben Birnen hänget
Und voll mit wilden Rosen
Das Land in den See,
Ihr holden Schwäne,
Und trunken von Küssen
Tunkt ihr das Haupt
Ins heilignüchterne Wasser.

Weh mir, wo nehm ich, wenn
Es Winter ist, die Blumen, und wo
Den Sonnenschein,
Und Schatten der Erde?
Die Mauern stehn
Sprachlos und kalt, im Winde
Klirren die Fahnen.

Hauke Hückstädt

ANRUF

Mein wüstes Schönland, mein
Ruin aus Erinnern.
Im Winde klirren, klirrten
Schlagbaum und Draht. Oder
Wie nennen wir das.
Nannten es Grenze,
Wenn im Hinübergehn
Was zerschellte. Und zum Lebewohl
Noch das Hundsgebell und ein Pfiff.
Was war das.
An dieser deutlichen Linie.
Das nennen wir Schnitt, mein
Schönland, mein Tränenpalast.

Hier spreche, sprach
Ich aus einer Zelle Glück.

Bertram Reinecke
WALKMAN 2/96

Licht beschneet liegt der Seeweg
Und dort im Lichten: Orte
Falbland Hiddensee
Mit toten Häfen
Und du gehst hoch über
Grund Kristall Haut
Dies *Schein mir übers* Erstarrte

Ewig fort geht's *mich sehr*
Ge Nie je ging hier Schuhwert zuvor
Echo des Weiß
Uralter Weltpläne
Dies Grau des Schnees
Da wo du tratst winzig
Westliche Kliffschatten

Wilhelm Müller

DER GREISE KOPF

Der Reif hatt' einen weißen Schein
Mir übers Haar gestreuet;
Da glaubt' ich schon ein Greis zu sein
Und hab' mich sehr gefreuet.

Doch bald ist er hinweggetaut,
Hab' wieder schwarze Haare,
Daß mir's vor meiner Jugend graut –
Wie weit noch bis zur Bahre!

Vom Abendrot zum Morgenlicht
Ward mancher Kopf zum Greise.
Wer glaubt's? und meiner ward es nicht
Auf dieser ganzen Reise!

Bertram Reinecke

WACHE IM VORFLUR

Wache im Vorflur
Und lach Tod, es ist
In uns etwas roh
So wie an Ufern
Entwo unfindbar
Wache im Vorflur

Rainer Maria Rilke

SCHLUSSSTÜCK

Der Tod ist groß
Wir sind die Seinen,
Lachenden Munds.
Wenn wir uns mitten im Leben meinen
Wagt er zu weinen
Mitten in uns.

Quellenangaben

ANONYM: Erster und Zweiter Merseburger Zauberspruch, übers. von Norbert Lange. Aus: Älteste deutsche Dichtung und Prosa. Althochdeutsch – Neuhochdeutsch. Hrsg. von Heinz Mettke. Reclam, Leipzig 1976.

ANONYM: Eine ohne Melodie überlieferte Textvariante von 1467. Aus: Deutsche Lieder. Texte und Melodien. Hrsg. von Ernst Klusen. Insel Verlag, Frankfurt am Main 1980.

ANONYM: Dû bist mîn, ich bin dîn. Deutsche Gedichte des Mittelalters. Ausgewähl und übersetzt von Ulrich Müller. Reclam 1993.

ANONYM: De Lebirmere/Das Lebermeer, übers. von Florian Voß. Aus: Deutsche Dichtung des Mittelalters. Hrsg. von Michael Curschmann und Ingeborg Glier. Fischer Verlag, Frankfurt am Main 1987.

ANONYM: Pro Nessia/Für Würmer, übers. von Florian Voß. Aus: Deutsche Dichtung des Mittelalters. Hrsg. von Michael Curschmann und Ingeborg Glier. Fischer Verlag, Frankfurt am Main 1987.

ANONYM: Nibelungenlied, hrsg. von Werner Hoffmann. J.B. Metzler, Stuttgart 1992.

ANONYM: Mariensequenz, Handschrift aus Muri. Aus: Geschichte der deutschen Literatur des Mittelalters im Überblick. Hrsg. von Horst Brunner. Reclam, Stuttgart 2003.

ELIZABETH BARRETT-BROWNING: Sonette aus dem Portugiesischen. Übertragen von Rainer Maria Rilke. Englisch und Deutsch. Insel Verlag, Frankfurt am Main 1999.

BARTHOLD HINRICH BROCKES: Betrachtung verschiedener zu unserem Vergnügen belebten Insecten. Aus: Barthold Hinrich Brockes. Irdisches Vergnügen in Gott, bestehend in Physikalisch- und Moralischen Gedichten. IV. Teil. Hamburg 1745, zit. nach.: Barthold Hinrich Brockes: Im grünen Feuer glüht das Laub. Ausgewählte Gedichte. Gustav Kiepenheuer Verlag, Weimar o.J.

EMILY DICKINSON: After great pain, a formal feeling comes. Aus: Emily Dickinson. Gedichte. Englisch und Deutsch. Hrsg. von Grunhild von Kübler. Hanser Verlag, München 2006.

Annette von Droste-Hülshoff: Das Spiegelbild. Aus: Annette von Droste-Hülshoff. Sämtliche Gedichte. Insel Verlag, Frankfurt am Main 2005.

Annette von Droste-Hülshoff: Der Hünenstein. Aus: Annette von Droste-Hülshoff. Historisch-kritische Ausgabe. Hrsg. von Winfried Woesler. Bd. I,1: Gedichte zu Lebzeiten, Text. Bearbeitet von Winfried Theiß. Max Niemeyer Verlag, Tübingen 1985.

Joseph von Eichendorff: Bei Halle. Aus: Joseph von Eichendorff. Gedichte. Hrsg. von Peter H. Neumann und A. Lorenczuk. Reclam, Stuttgart 1986.

August Heinrich Hoffmann von Fallersleben: Gründers Mittagslied. Aus: Der neue Conrady. Das große deutsche Gedichtbuch. Hrsg. von Carl Otto Conrady. Artemis&Winkler, Düsseldorf 2003.

Paul Gerhardt: Ich steh an deiner Krippen hier; Morgensegen. Aus: Geistliche Lieder. Reclam Verlag, Stuttgart 1991.

Catharina Regina von Greiffenberg: O Wort!. Aus: Gedichte. Ausgewählt und mit einem Nachwort versehen von Hubert Gersch. Karl Hensel Verlag, Berlin 1982.

Guilhèm de Peitieus: Bibliothèque nationale de France, Fonds français, M. 856 (f. 230 v°).

Karoline von Günderrode: Der Luftschiffer. Aus: Karoline von Günderrode. Gedichte. Hrsg. von Franz Josef Görtz. Insel Verlag, Frankfurt am Main 1985.

Andreas Gryphius: Das Letzte Gerichte. Aus: Gedichte des Barock. Hrsg. von Ulrich Maché und Volker Meid. Reclam, Stuttgart 1992.

Thomas Hardy: To an actress; Former beauties. Aus: Thomas Hardy. The Complete Poems. Hrsg. von James Gibson. Palgrave, New York 2001.

Heinrich Heine: Fräulein am Meer. Aus: Neue Gedichte. Hrsg. von Bernd Kortländer. Reclam Verlag, Stuttgart 1995.

C. Friedrich Heinle: Purpurschäumender Äpfel ..., zitiert nach: Friedrich Podszus. Biographische Notiz. Aus: Walter Benjamin. Schriften. Band 2. Suhrkamp Verlag, Frankfurt am Main 1955.

Friedrich Hölderlin: Hälfte des Lebens. Aus: Friedrich Hölderlin. Gedichte. Hrsg. von Günter Mieth. Reclam, Leipzig 1977.

Friedrich Hölderlin: Diotima: aus: Friedrich Hölderlin: Sämtliche Gedichte und Hyperion. Insel Verlag, Frankfurt am Main 1999.

Bibliographische Angaben

FRIEDRICH HÖLDERLIN: Bruchstück. Aus: Friedrich Hölderlin. Sämtliche Werke und Hyperion. Hrsg. von Jochen Schmid. Insel Verlag, Frankfurt am Main 2005.

FRIEDRICH HÖLDERLIN: Mnemosyne. Aus: Friedrich Hölderlin. Sämtliche Werke und Hyperion. Hrsg. von Jochen Schmid. Insel Verlag, Frankfurt am Main 2005.

GEORG HEYM: Der Schläfer im Walde. Aus: Georg Heym. Das Werk. Prosa und Dramen. Lyrik. Tagebücher. Zweitausendeins, Frankfurt am Main 2005.

SERGEJ JESSENIN: Keine Halme mehr. Eine Übersetzung von Paul Celan. Aus: Paul Celan. Gesammelte Werke in sieben Bänden. Suhrkamp Verlag, Frankfurt am Main 1983.

BEN JONSON: Hymn to Comus. Aus: Elizabethan Lyrics. Hrsg. Norman Ault. Faber and Faber, London 1986.

GOTTFRIED KELLER: Winternacht. Aus: Gottfried Keller. Sämtliche Werke und ausgewählte Briefe. Bd. 3: Gedichte. Carl Hanser Verlag, München, 1958.

MICHAIL J. LERMONTOW: Der Kelch des Seins, übers. von Hendrik Jackson. Aus: Michail J. Lermontow. An ... Gedichte, Strophen Albumverse. Hrsg. von Christoph Ferber. Dieterich'sche Verlagsbuchhandlung, Mainz 1991.

MARTIN LUTHER: Nun bitten wir den heiligen Geist. Aus: Gesangbuch der Evangelisch-reformierten Kirchen der deutschsprachigen Schweiz. Nr. 502. Basel, Zürich 1998.

KARL MAYER: Gegend. Aus: Deutsche Lyrik von den Anfängen bis zur Gegenwart. Herausgeber Walther Killy, Bd. 8, hrsg. von Ralph-Rainer Wuthenow. Deutscher Taschenbuchverlag, München 2001.

C.F. MEYER: Der schöne Tag. Aus: Conrad Ferdinand Meyer. Leseausgabe in 7 Bänden, Band 2: Bilder und Balladen/Gedichte aus dem Nachlass. Benteli, Zürich 1998.

AMBROSIUS METZGER: Venusblümlein. Aus: Des Knaben Wunderhorn. Alte deutsche Lieder. [3 Bände] Gesammelt von Ludwig Achim v. Arnim und Clemens Brentano. Dritter Band. Rütten & Loening, Berlin 1966.

WILHELM MÜLLER: Der greise Kopf. Aus: Wilhelm Müller, Die Winterreise und andere Gedichte. Hrsg. Hans-Rüdiger Schwab. Insel Verlag, Frankfurt am Main 1986.

Bibliographische Angaben

NOVALIS: Wenn nicht mehr Zahlen und Figuren. Aus: Novalis/Friedrich von Hardenberg. Schriften. Die Werke Friedrich von Hardenbergs. Begr. von Paul Kluckhohn und Richard Samuel. Kohlhammer, Stuttgart 1960.

MARTIN OPITZ: Auff des Petrarchen Katze. Aus: Gedichte des Barock, Hrsg. von Ulrich Maché und Volker Meid. Reclam, Stuttgart 1980

RAINER MARIA RILKE: Zum Einschlafen zu sagen. Aus: Das Buch der Bilder. Suhrkamp Verlag, Frankfurt am Main 1996.

RAINER MARIA RILKE: Erste Duineser Elegie. Aus: Rainer Maria Rilke. Sämtliche Werke. Hrsg. vom Rilke-Archiv in Verbindung mit Ruth Sieber-Rilke, besorgt durch Ernst Zinn. Insel Verlag, Frankfurt am Main 1998.

RAINER MARIA RILKE: Schlussstück. Aus: Rainer Maria Rilke. Sämtliche Werke. Hrsg. vom Rilke-Archiv in Verbindung mit Ruth Sieber-Rilke, besorgt durch Ernst Zinn. Insel Verlag, Frankfurt am Main 1998.

RAINER MARIA RILKE: Archaïscher Torso Apollos; Der Engel; Jugend-Bildnis meines Vaters. Aus: Rainer Maria Rilke. Neue Gedichte. Der Neuen Gedichte anderer Teil. Insel Verlag, Frankfurt am Main 2000.

ARTHUR RIMBAUD: Le Dormeur du Val. Aus: Illuminations/Farbstiche. Französ.-Dtsch. Übertr. v. Walther Küchler. Reclam Verlag, Ditzingen 1991.

PIERRE DE RONSARD: La Salade. Aus: Französische Dichtung, Bd. 1. Hrsg. Friedhelm Kemp und Werner von Koppenfels. C.H. Beck, München 2001.

HANS SACHS: Das Schlauraffen Landt. Aus: Hans Sachs. Werke in der Reihenfolge ihrer Entstehung. Hrsg. von Wolfgang F. Michael und Roger A. Crockett. Peter Lang, Bern 1996.

THEORDOR STORM: Trost. Aus: Theodor Storm. Gedichte. Hrsg. von Gottfried Honnefelder. Insel Verlag, Frankfurt am Main 2001.

AUGUST STRAMM: Triebkrieg. Aus: August Stramm. Das Werk. Hrsg. von René Radrizzani. Limes, Wiesbaden 1963.

ADAM THEBESIUS: Du großer Scherzensmann. Aus: Evangelisches Gesangbuch. Karlsruhe 1999.

GEORG TRAKL: Rondel. Aus: Georg Trakl. Dichtungen und Briefe. Otto Müller Verlag, Salzburg 1970.

GEORG TRAKL: Psalm. Aus: Georg Trakl. Werke Entwürfe Briefe. Hrsg. von Hans-Georg Kemper und Frank Rainer Max. Reclams Universal-Bibliothek, Stuttgart 1984.

GEORG TRAKL: Landschaft. Aus: Georg Trakl. Sebastian im Traum. Gedichte. Hrsg. von Eberhard Sauermann, Hermann Zwerschina. Stroemfeld, Frankfurt am Main, Basel 1995.

GEORG TRAKL: In ein altes Stammbuch. Aus: Georg Trakl. Gedichte. Hrsg. von Marie L. von Kaschnitz. Suhrkamp Verlag, Frankfurt am Main 2005.

GEORG TRAKL: Else Lasker-Schüler in Verehrung. Aus: Georg Trakl. Sämtliche Werke und Briefwechsel. Innsbrucker Ausgabe. Historisch-kritische Ausgabe mit Faksimiles der handschriftlichen Texte Trakls. Hrsg. von Eberhard Sauermann, Hermann Zwerschina. Stroemfeld, Frankfurt am Main, Basel 2000.

KURT TUCHOLSKY: Augen in der Großstadt. Aus: Arbeiter Illustrierte Zeitung. Nr. 11. Berlin, Prag 1930.

FRANCOIS VILLON: Die Ballade von den Lästerzungen. Aus: Die lasterhaften Balladen und Lieder des François Villon. Nachdichtungen von Paul Zech. Deutscher Taschenbuchverlag, München 2002.

Die Autoren

JULIANE BLECH, geboren 1975 in Halle an der Saale, studierte dort Philosophie, Französisch und Germanistik. Neben Veröffentlichungen in Literaturzeitschriften und Anthologien (u. a. »Jahrbuch der Lyrik«) erschienen Gedichte und Theaterstücke für Kinder (Drei Masken Verlag). Sie lebt in Halle.

NICO BLEUTGE, geboren 1972 in München, studierte Neuere Deutsche Literatur, Allgemeine Rhetorik und Philosophie in Tübingen. Preisträger des »open mike« 2001. Wolfgang-Weyrauch-Förderpreis 2003, Anna Seghers-Preis 2006, Kranichsteiner Förderpreis 2006. Veröffentlichungen in Zeitschriften und Anthologien (u. a. »Lyrik von Jetzt«, »Jahrbuch der Lyrik«). 2006 erschien der Gedichtband »klare konturen« (C.H. Beck). Er lebt in Tübingen.

CAROLIN BLUMENBERG, geboren 1974 in Hamburg, studierte Architektur, Philosophie, Geschichte und Politikwissenschaft. Sie lebt in Berlin.

NORA BOSSONG, geboren 1982 in Bremen, studierte bis 2005 am Deutschen Literaturinstitut Leipzig. Zur Zeit studiert sie Kulturwissenschaft, Philosophie und Komparatistik an der Humboldt-Universität Berlin. Wolfgang-Weyrauch-Förderpreis 2007. Neben Veröffentlichungen in Zeitschriften und Anthologien (u. a. »Jahrbuch der Lyrik«, TEXT+KRITIK) erschienen der Roman »Gegend« (Frankfurter Verlagsanstalt 2006) und der Gedichtband »Reglose Jagd« (zu Klampen 2007). Sie lebt in Berlin.

BAS BÖTTCHER, geboren 1974 in Bremen, hat am Bauhaus in Weimar Mediengestaltung studiert. Erhielt zahlreiche Preise und Auszeichnungen, wurde u. a. »National Poetry Slam Champion« 1997. Zu seinen Veröffentlichungen zählen Anthologiebeiträge (u. a. »Der neue Conrady«, »Lyrik von Jetzt«, »Jahrbuch der Lyrik«), der Roman »Megaherz« (Rotbuch 2004) sowie diverse CDs und DVDs, zuletzt die Audio-CD mit Textbuch »Dies ist kein Konzert« (Voland & Quist 2006). Er lebt in Berlin.

LARS-ARVID BRISCHKE, geboren 1972 in Dresden, studierte, nach abgeschlossener Lehre zum Maschinenbauer, Energietechnik in Berlin und arbeitet heute als Referent für energiewirtschaftliche Grundsatzfragen. Veröffentlichungen in Zeitschriften (u.a. ndl, perspektive, manuskripte, Das Gedicht) und Anthologien (u.a. »Lyrik von Jetzt«, »Jahrbuch der Lyrik«). 2006 erschien sein erster Gedichtband »eine leichte acht« in der Lyrikedition 2000. Er lebt in Berlin.

CRAUSS., geboren 1971 in Siegen, veranstaltet Lesungen, Kunstaktionen und Ausstellungen. Beiträge in Zeitschriften und Anthologien. Erhielt u.a. Stipendien des Literarischen Colloquiums Berlin 1999 und der Stiftung Kulturfonds Künstlerhaus Lukas, Ahrenshoop 2003, Stiftung Künstlerdorf Schöppingen, 2007. Gedichtbände: »Crausstrophobie. Texte & Remixes« (Lyrikedition 2000 2001) und »Alles über Ruth« (Lyrikedition 2000 2004). Er lebt in Siegen.

TANJA DÜCKERS, geboren 1968 in Berlin, studierte Germanistik, Kunstgeschichte und Nordamerikastudien. Zu ihren Veröffentlichungen zählen u.a. die Romane »Spielzone«, 1999, »Himmelskörper«, 2003, und »Der längste Tag des Jahres«, 2006 (alle Aufbau-Verlag). Außerdem die Lyrikbände »Morsezeichen«, 1996, »Fireman«, englische Gedichte, 1996 (beide Bonsai typArt-Verlag), »Luftpost«, Tropen-Verlag, 2001, die Lyrik-CD »Mehrsprachige Tomaten« (gemeinsam mit dem Komponisten Betram Denzel), St. Oberholz, 2004 und den Essayband »Morgen nach Utopia«, Aufbau Verlag, 2007. Sie erhielt zahlreiche Preise und Stipendien. Sie lebt in Berlin.

ANDREAS DÜRER, geboren 1982 in Halle, studierte in Halle, Prag und Berlin Kommunikationsdesign und arbeitet als Illustrator. Er lebt in Berlin.

DANIEL FALB, geboren 1977 in Kassel, studierte Philosophie. Von ihm erschien der Gedichtband »die räumung dieser parks« (kookbooks 2003), daneben Texte in Zeitschriften (Edit, Zwischen den Zeilen, Ostragehege, Sprache im technischen Zeitalter) und Anthologien (»Lyrik von Jetzt«, »Jahrbuch Lyrik«). Erhielt u.a. den Lyrikdebütpreis des Literarischen Colloquiums Berlin 2005 und war Stipendiat der Stiftung Niedersachsen 2006. Er lebt in Berlin.

SWEN FRIEDEL, geboren 1977 in Leipzig, studierte dort zunächst Philosophie, Komparatistik und Linguistik, danach bis 2006 am Deutschen Literaturinstitut Leipzig. Gedichte u.a. im »Jahrbuch der Lyrik«, TEXT+KRITIK, DIE ZEIT. 2006 erschien sein erster Gedichtband »Draußen ist die Sonne« in der Lyrikedition 2000. Er lebt in Leipzig.

MARA GENSCHEL, geboren 1982 in Bonn, studierte Musikwissenschaft in Köln und Schulmusik in Detmold. Seit 2004 studiert sie am Deutschen Literaturinstitut Leipzig. Lyrik und Prosa in Anthologien und

Zeitschriften. Hörspiele und Radioarbeit. Teilnehmerin am Literarischen März 2007. Sie lebt in Leipzig.

MATTHIAS GÖRITZ, geboren 1969 in Hamburg, ist freier Schriftsteller. Längere Aufenthalte in Moskau, Paris, Chicago und New York. Zuletzt erschienen: »Der kurze Traum des Jakob Voss«, Roman, ausgezeichnet mit dem Mara Cassens Preis 2005 und dem Bayern 2 Jury Preis des Bayrischen Rundfunks. Der Gedichtband »Pools« erhielt 2006 das »Zweite Buch Stipendium« des Landes Niedersachsen. 2007 Writer-in-Residence, Deutsches Haus, New York University. Er lebt in Frankfurt am Main.

HAUKE HÜCKSTÄDT, geboren 1969 in Schwedt/Oder, übersiedelte 1984 nach Hannover, studierte dort Germanistik und Geschichte. Seit 2001 Geschäftsführer und Programmleiter des Literarischen Zentrums Göttingen. 2006 Stipendiat der Stiftung Niedersachsen. Von ihm erschienen »Neue Heiterkeit. Gedichte« (zu Klampen 2001) sowie als Übersetzer »David Constantine – Etwas für die Geister. Gedichte« (Wallstein 2007). Er lebt in Göttingen.

HENDRIK JACKSON, geboren 1971 in Düsseldorf, veröffentlichte die Bände »brausende Bulgen – 95 Thesen« (edition per procura 2004), »Einflüsterungen von seitlich« (Morpheo Verlag 2001) sowie als Übersetzer aus dem Russischen Marina Zwetajewas »Poem vom Ende/Neujahrsbrief« (edition per procura 2003). Außerdem die Gedichtbände »Dunkelströme« und »Im Innern der zerbrechenden Schale« (kookbooks 2006 und 2007). Rolf-Dieter-Brinkmann-Preis 2002, Wolfgang-Weyrauch-Förderpreis 2005, Hans-Erich-Nossack-Förderpreis 2006. Er lebt in Berlin.

ADRIAN KASNITZ, geboren 1974 in Wormditt, studierte Geschichte und Literaturwissenschaft in Köln und Prag. Herausgeber der Edition parasitenpresse und Mitorganisatior der Lesebühne am Brüsseler Platz. Rolf-Dieter-Brinkmann-Preis 2005. Von ihm erschienen die Gedichtbände »Reichstag bei Regen« (Lyrikedition 2000, 2002)und »innere sicherheit« (Yedermann 2006) sowie der Prosaband »Die Maske« (Sukultur 2004). Er lebt in Köln.

NICOLAI KOBUS, geboren 1968 in Stadtlohn, studierte Musikwissenschaften, Germanistik und Philosophie in Münster. Wolfgang-Weyrauch-Förderpreis 1999. Stipendien des Künstlerdorfs Schöppingen 2001 und der Stiftung Deutscher Kulturfonds im Künstlerhaus Lukas in Ahrenshoop 2002. Nach zahlreichen Veröffentlichungen in Zeitschriften und Anthologien erschien 2006 der Gedichtband »hard cover« (Ardey-Verlag). Er lebt in Hamburg.

Die Autoren

NADJA KÜCHENMEISTER, geboren 1981 in Berlin, studiert seit 2003 am Deutschen Literaturinstitut Leipzig und veröffentlichte Gedichte und Prosa in Zeitschriften und Anthologien (u. a. »Jahrbuch der Lyrik«, Bella triste, Akzente, TEXT+KRITIK – »Junge Lyrik«). 2006 war sie Teilnehmerin an dem Übersetzerprojekt »Poesie der Nachbarn: Schweiz«. Berliner Senatsstipendium 2007. Sie lebt in Berlin.

BJÖRN KUHLIGK, geboren 1975 in Berlin, arbeitet als Buchhändler. Er veröffentlichte die Gedichtbände »Es gibt hier keine Küstenstraßen« (Lyrikedition 2000 2001), »Am Ende kommen Touristen« (Berlin Verlag 2002) und »Großes Kino« (ebd. 2005). Als Herausgeber: »Lyrik von Jetzt« (DuMont 2003, mit Jan Wagner), »Das Berliner Kneipenbuch« (Berliner Taschenbuch Verlag 2006, mit Tom Schulz), »Das Kölner Kneipenbuch« (ebd. 2007, mit Tom Schulz). Zuletzt erschien das Harzreisebuch »Der Wald im Zimmer« (ebd. 2007, mit Jan Wagner). Er lebt in Berlin.

NORBERT LANGE, geboren 1978 in Gdingen, wuchs in Lahnstein auf und studierte zunächst in Berlin, anschließend von 2002 bis 2007 am Deutschen Literaturinstitut Leipzig. Sein erster Gedichtband »Rauhfasern« ist 2005 in der Lyrikedition 2000 erschienen. Zudem veröffentlichte er Gedichte und Essays in Zeitschriften und Anthologien, u. a. »Jahrbuch der Lyrik«, EDIT, manuskripte, Bella Triste, TEXT+KRITIK – »Junge Lyrik«. Teilnehmer am Literarischen März 2007. Er lebt in Leipzig.

CHRISTIAN LEHNERT, geboren 1969 in Dresden, studierte Religionswissenschaften, Theologie und Orientalistik. Erhielt u. a. den Wolfgang-Weyrauch-Förderpreis 1995, den Dresdner Lyrikpreis 1998 und das Hermann-Lenz-Stipendium 1999. Bei Suhrkamp erschienen seine Gedichtbände »Der gefesselte Sänger« (1997), »Der Augen Aufgang« (2000) und »Ich werde sehen, schweigen und hören« (2004). Er lebt in Müglitztal bei Dresden.

ALEXANDER NITZBERG, geboren 1969 in Moskau, veröffentlichte bisher drei Gedichtbände und über zwanzig Einzelveröffentlichungen mit Übersetzungen russischer Lyrik. Zuletzt : »Anna Achmatowa«, Liebesgedichte, Suhrkamp 2000; »Selbstmörder Zirkus«, russische Gedichte der Moderne, Reclam Leipzig, 2003; »Joseph Brodsky«, Weihnachtsgedichte, Hanser 2004; »Lyrik-Baukasten, wie man ein Gedicht macht«, DuMont 2006. Er erhielt Preise und Förderungen und ist Mitglied im P.E.N. Er lebt in Düsseldorf.

MARION PICKER, geboren 1968 in Bad Godesberg, studierte in Köln, London, Paris und lehrt z.Zt. am Dickinson-College (Pennsylvania, USA). 1992 wurde sie mit dem N.C. Kaser-Preis ausgezeichnet. Neben Gedichten in Zeitschriften und Anthologien veröffentlichte sie 2004 »Der konservative Charakter: Walter Benjamin und die Politik der Dichter« (Transcript Verlag). In der Lyrikedition 2000 erscheint 2007 ihr erster Gedichtband »Schweres Gepäck«. Sie lebt in Marseille.

BERTRAM REINECKE, geboren 1974 in Güstrow, wuchs in Mecklenburg auf. Studierte zunächst Germanistik, Philosophie und Psychologie in Greifswald, danach am Deutschen Literaturinstitut Leipzig (bis 2006). Seitdem ist er als Kulturjournalist für Zeitschriften und den Rundfunk tätig. Von ihm erschienen u.a. die Lyrikbände »An langen Brotleinen« (Verlag Wiecker Bote 2000) und »Chlebnikov am Meer« (Weiße Reihe 2003). Er lebt in Leipzig.

LARS REYER, geboren 1977 in Werdau, studierte zunächst Philosophie, Anglistik und Ethnologie in Münster. Danach studierte er bis 2006 am Deutschen Literaturinstitut Leipzig. Veröffentlichungen in Anthologien und Zeitschriften (u.a. Edit, bella triste, Entwürfe, Jahrbuch der Lyrik, TEXT+KRITIK). Teilnehmer beim »open mike« 2004. 2006 erschien sein erster Gedichtband »Der lange Fußmarsch durch die Stadt bei Nacht« in der Lyikedition 2000. Er lebt in Leipzig.

NIKOLA RICHTER, geboren 1976 in Bremen. Von ihr erschienen bisher »roaming« (Lyrikedition 2000 2004), »Oder mal wieder Halma« (SuKultur 2004), »Die Lebenspraktikanten« (Fischer 2006) und »Schluss machen auf einer Insel« (Berlin Verlag 2007). Sie lebt in Berlin.

CHRISTIAN RÖSE, geboren 1980 in Neheim, studierte Psychologie. 2002 erhielt er den Literaturförderpreis der Stadt Dortmund. 2006 erschien der Gedichtband »Schere« (onomato Verlag). Er lebt in Berlin.

MARCUS ROLOFF, geboren 1973 in Neubrandenburg, übersiedelte 1989 nach Bremen. Studium der Neueren Deutschen Literatur, Philosophie und Kulturwissenschaft in Berlin. Neben Veröffentlichungen in Zeitschriften und Anthologien (u.a. ndl, »Jahrbuch der Lyrik«) erschienen die Gedichtbände »Herbstkläger« (Connewitzer Verlagsbuchhandlung 1997) und »Gedächtnisformate« (Gutleut Verlag 2006). Er lebt in Frankfurt am Main.

HENDRIK ROST, geboren 1969 in Burgsteinfurt, studierte Germanistik und Philosophie in Kiel und Düsseldorf. Erhielt u.a. den Clemens-Brentano-Preis der Stadt Heidelberg 2000, den Wolfgang-Weyrauch-Förderpreis 2001 und den Dresdner Lyrikpreis 2002. Neben zahlreichen Veröffentlichungen in Zeitschriften und Anthologien erschienen vier Gedichtbände, zuletzt »Im Atemweg des Passagiers« (Wallstein Verlag 2006). Er lebt in Hamburg.

ANGELA SANMANN, geboren 1980 in Iserlohn, studierte Germanistik, Komparatistik und Philosophie in Berlin und Paris. 2006 erhielt sie das Georges-Arthur-Goldschmidt-Stipendium für literarische Übersetzung. Neben Gedichten in Zeitschriften und Anthologien erschien der Gedichtband »stille. verkaspert« (Parasitenpresse 2006). Sie lebt in Berlin.

NATHALIE SCHMID, geboren 1974 in Aarau/Schweiz, studierte bis 2002 am Deutschen Literaturinstitut Leipzig. Veröffentlichungen in Zeitschriften und Anthologien (u. a. »Jahrbuch der Lyrik«, TEXT+KRITIK – »Junge Lyrik«. 2005 erschien ihr erster Gedichtband »Die Kindheit ist eine Libelle« in der Lyrikedition 2000. Sie lebt in Freienwil/Schweiz.

SILKE ANDREA SCHUEMMER, geboren 1973 in Aachen, schloss 2003 ihre Promotion an der RWTH Aachen ab. Erhielt u. a. den Christine-Lavant-Förderpreis 1997, den Walter-Serner-Literaturpreis 2005, den Förderpreis des Landes NRW 2006 sowie ein Arbeitsstipendium des Berliner Senats 2006. Zuletzt erschien der Roman »Remas Haus« (kookbooks 2004). Sie lebt in Berlin.

TOM SCHULZ, geboren 1970 in der Oberlausitz, wuchs in Ostberlin auf. Zuletzt erschienen der Gedichtband »Vergeuden, den Tag« (kookbooks 2006), »Das Berliner Kneipenbuch« (Berliner Taschenbuchverlag 2006, mit Björn Kuhligk), »Das Kölner Kneipenbuch«(ebd. 2007 mit Björn Kuhligk) und »Hundert Jahre Rütli. Gedichte« (SuKulTur 2007). Er lebt in Berlin.

UWE TELLKAMP, geboren 1968 in Dresden, studierte Medizin in Leipzig, New York und Dresden, wurde u. a. mit dem Ingeborg-Bachmann-Preis und dem Dresdner Lyrikpreis ausgezeichnet. Er veröffentlichte zahlreiche Beiträge in Zeitschriften und Anthologien (u. a. Akzente, Edit und ndl). Außerdem erschienen »Der Hecht, die Träume und das Portugiesische Cafe« (Faber&Faber 2000), Zuletzt »Der Eisvogel, Roman« (Rowohlt 2005). Er lebt in Karlsruhe.

STEPHAN TUROWSKI, geboren 1972 in Bremen, veröffentlichte den Gedichtband »Und jetzt bist du nackt« (Edition Azur, 2006). Er lebt in Kiel.

FLORIAN VOSS, geboren 1970 in Lüneburg, veröffentlichte Gedichte in Zeitschriften (EDIT, ndl) und Anthologien (»Lyrik von Jetzt«, »Jahrbuch der Lyrik«). Außerdem erschienen die Gedichtbände »Das Rauschen am Ende des Farbfilms« (Lyrikedition 2000 2005) und »Schattenbildwerfer« (ebd. 2007). 2001 erhielt er das Arbeitsstipendium des Berliner Senats für Literatur und 2007 das Aufenthaltsstipendium im Künstlerdorf Schöppingen. Er lebt in Berlin.

JAN WAGNER, geboren 1971 in Hamburg. Im Berlin Verlag erschienen die Gedichtbände »Probebohrung im Himmel« (2001) und »Guerickes Sperling« (2004) sowie ein Band mit Übersetzungen ausgewählter Gedichte von James Tate. Zusammen mit Björn Kuhligk publizierte er die Anthologie »Lyrik von Jetzt. 74 Stimmen« (DuMont 2003) sowie das Buch »Der Wald im Zimmer. Eine Harzreise« (Berliner Taschenbuch Verlag 2007). Auszeichnungen: Mondseer Lyrikpreis (2004), Anna-Seghers-Preis (2004), Ernst-Meister-Preis (2005) und Arno-Reinfrank-Literaturpreis (2006). Er lebt in Berlin.

CHRISTOPH WENZEL, geboren 1979 in Hamm, studierte Germanistik und Anglistik in Aachen, veröffentlichte Lyrik, Kurzprosa in Zeitschriften (u.a. Edit, mare, lauter niemand, Signum) und Anthologien (u.a. »Jahrbuch der Lyrik« 2007). Arbeitsstipendium des Landes NRW 2007. Mitherausgeber der Zeitschrift [SIC]. 2005 erschien der Gedichtband »zeit aus der karte« (Rimbaud Verlag). Er lebt in Aachen.

RUTH WIEBUSCH, geboren 1977 in Augsburg, studierte Germanistik und Kunstgeschichte in Würzburg und Wien und danach am Deutschen Literaturinstitut Leipzig. Texte in Zeitschriften und Anthologien (u.a. »Jahrbuch der Lyrik«, »Das Gedicht«). Ihr erster Gedichtband erscheint 2007 in der Lyrikedition 2000. Sie lebt in München.

RON WINKLER, geboren 1973 in Jena, wurde u.a. mit dem Leonce-und-Lena-Preis 2005 und dem Mondseer Lyrikpreis 2006 ausgezeichnet. Von ihm erschienen die Gedichtbände »vereinzelt Passanten« (kookbooks 2004) und »Fragmentierte Gewässer« (Berlin Verlag 2007). Außerdem ist er Herausgeber der Anthologie »Schwerkraft. Junge amerikanische Lyrik« (Jung und Jung 2007). Er lebt in Berlin.

ULJANA WOLF, geboren 1979 in Berlin, studierte Germanistik, Anglistik und Kulturwissenschaft in Berlin und Krakau. Gedichte in Zeitschriften und Anthologien (u.a. »Lyrik von Jetzt«, »Jahrbuch der Lyrik«). Für ihren ersten Gedichtband »kochanie ich habe brot gekauft« (kookbooks 2005) wurde sie mit dem Peter-Huchel-Preis ausgezeichnet. Sie lebt in Berlin.

JUDITH ZANDER, geboren 1980 in Anklam, studierte Germanistik, Anglistik und Geschichte in Greifswald; danach am Deutschen Literaturinstitut Leipzig. 2006 Diplomarbeit im Fach Lyrik. Veröffentlichungen in Zeitschriften und Anthologien (u. a. edit, manuskripte, Das Gedicht, »14. open mike«).

Inhalt

Norbert Hummelt, Vorwort 5

Erster Teil

Paul Gerhardt, Morgensegen 11
Christian Lehnert, Die Böen, Hirten 13
Paul Gerhardt, Ich steh an deiner Krippen hier 14
Christian Lehnert, Mein Blick reicht bis zum jähen Fall . . 15
Adam Thebesius, Du großer Schmerzensmann 16
Christian Lehnert, Und starben, angeschwemmt 18
Martin Luther, Nun bitten wir den Heiligen Geist 19
Christian Lehnert, Woher weiß ich, wer du bist 20
Annette von Droste-Hülshoff, Das Spiegelbild 21
Carolin Blumenberg, gespiegelt 23
Mara Genschel, Reflexe 24
Annette von Droste-Hülshoff, Der Hünenstein 26
Ron Winkler, Hünengrabfeature 29
Elizabeth Barrett-Browning, Sonnet XXI 30
Rainer Maria Rilke, Sonett XXI 31
Uljana Wolf, Sonett XXI 32
Elizabeth Barrett-Browning, Sonnet XXIX 33
Rainer Maria Rilke, Sonett XXIX 34
Uljana Wolf, Sonett XXIX 35
Elizabeth Barrett-Browning, Sonnet XXXVII 36
Rainer Maria Rilke, Sonett XXXVII 37
Uljana Wolf, Sonett XXXVII 38
Rainer Maria Rilke, Der Engel 39
Silke Andrea Schuemmer, Engel kehren ein 40
Rainer Maria Rilke, Erste Duineser Elegie 41
Nadja Küchenmeister, staub 42

Rainer Maria Rilke, Zum Einschlafen zu sagen	43
Nikola Richter, Vorm Einschlafen zu sagen	44
Rainer Maria Rilke, Jugend-Bildnis meines Vaters	45
Nora Bossong, Jugendfoto meines Vaters	46
Rainer Maria Rilke, Archaïscher Torso Apollos	47
Lars Reyer, Scan, verschwundener Torso	48

Zweiter Teil

Zweiter Merseburger Zauberspruch	51
Norbert Lange, Zweiter Merseburger Zauberspruch	52
Norbert Lange, Holbein	53
Norbert Lange, Deutsche Terrasse (Suchbild 2)	55
Erster Merseburger Zauberspruch	57
Norbert Lange, Erster Merseburger Zauberspruch	58
Georg Trakl, Else Lasker-Schüler in Verehrung	59
Norbert Lange, Gedicht »Abend oder Herbst«	60
Georg Trakl, Rondel	61
Nicolai Kobus, lodern	62
Georg Trakl, In ein altes Stammbuch	63
Stephan Turowski, Die Lichter	64
Georg Trakl, Landschaft	65
Tom Schulz, Stadtlandschaft	66
Georg Trakl, Psalm	67
Lars-Arvid Brischke, totentanz g. t.	69
Kurt Tucholsky, Augen in der Großstadt	71
Lars-Arvid Brischke, totentanz k. t.	73
Heinrich Hoffmann v. Fallersleben, Gründers Mittagslied	75
Tom Schulz, Schinders Mittagslied	76
Karl Mayer, Meine Gegend	77
Björn Kuhligk, Mond überm Henninger Turm	78

Theodor Storm, Trost 79
Björn Kuhligk, Im Liepnitzsee 80
Gottfried Keller, Winternacht 81
Nathalie Schmid, als ich auf dem hügel lag 82
C. F. Meyer, Der schöne Tag 83
Lars Reyer, Der schöne Tag des Souvenirverkäufers ... 84
August Stramm, Triebkrieg 85
Christian Röse, Oberhalb/Unterhalb 86

Dritter Teil

Anonym, De Lebirmere 91
Florian Voß, Das Lebermeer 92
Florian Voß, Meeresgarten 93
Anonym, Pro nessia 94
Florian Voß, Für Würmer 95
Florian Voß, Lüneburger Schriftsteller-Segen 96
Anonym, Mariensequenz, Handschrift aus Muri 97
Uwe Tellkamp, Der Nautilus: Falter (Textauszug) 98
Anonym, Dû bist mîn, ich bin dîn 100
Hendrik Rost, Schlüsselbund 101
Eine ohne Melodie überlieferte Textvariante von 1467 .. 102
Matthias Göritz, Eine ohne Melodie fast gelieferte
Textvariante von heute 103
Ambrosius Metzger, Venusblümlein 104
Crauss, sprichwort 106
Guilhèm de Peitieus, farai un vers 107
Adrian Kasnitz, farai un vers 109
Martin Opitz, Auff des Petrarchen Katze 110
Alexander Nitzberg, Einer Pianistin 111
Hans Sachs, Das Schlauraffen Landt 112
Daniel Falb, die messbare tiefe der organisation 116

Francois Villon, Die Ballade von den Lästerzungen 117
Silke Andrea Schuemmer, Ballade auf die Last der Zungen 118
Heinrich Heine, Fräulein am Meer 119
Bas Böttcher, Das Fräulein 120
Ben Jonson, Hymn to Comus 122
Jan Wagner, hymne an comus 123
Arthur Rimbaud, Le Dormeur du Val/Der Schläfer im Tal 124
Georg Heym, Der Schläfer im Walde 126
Jan Wagner, der schläfer im wald 128
Pierre Ronsard, La Salade/Der Salat 129
Jan Wagner, der salat 131

Vierter Teil

Novalis, Wenn nicht mehr Zahlen und Figuren 135
Hendrik Rost, Novalis-Virus 136
Christoph Wenzel, kreidephysik 137
Karoline von Günderrode, Der Luftschiffer 138
Christoph Wenzel, günderrode: migräne 139
Joseph von Eichendorff, Bei Halle 140
Andreas Dürer, Schreibtischheimat 142
Andreas Gryphius, Das Letzte Gerichte 144
Marcus Roloff, gewitter 145
Catharina Regina von Greiffenberg, O Wort 146
Angela Sanmann, Verschobene Verheißung 147
Nibelungenlied, Strophe 12-14 148
Ruth Wiebusch, jagdstück mit greifen 149
Barthold Hinrich Brockes, Betrachtung verschiedener zu unserem Vergnügen belebten Insecten 150
Nico Bleutge, tastritzen mulchige scharten 152
Michael Lermontow, Der Kelch des Seins 154
Hendrik Jackson, Anflug 155

Thomas Hardy, To an Actress	159
Swen Friedel, Nach der Vorstellung	160
Thomas Hardy, Former Beauties	161
Swen Friedel, Frühere Schönheiten	162
Emily Dickinson, After great pain, a formal feeling comes	163
Tanja Dückers, Der blaue Zirkus Welt	164
Sergej Jessenin, Keine Halme mehr	165
Juliane Blech, Wanderungen 6	166
C. Friedrich Heinle, Purpurschäumender Äpfel	167
Marion Picker, Umstandstragende Dirnen	168
Friedrich Hölderlin, Mnemosyne	169
Marion Picker, Schweres Gepäck	171
Friedrich Hölderlin, Diotima	172
Judith Zander, diotima	173
Friedrich Hölderlin, Bruchstück	174
Marcus Roloff, hülle & fülle	175
Friedrich Hölderlin, Hälfte des Lebens	176
Hauke Hückstädt, Anruf	177
Bertram Reinecke, Walkman 2/96	178
Wilhelm Müller, Der greise Kopf	179
Bertram Reinecke, Wache im Vorflur	180
Rainer Maria Rilke, Schlussstück	181
Quellenangaben	183
Die Autoren	189